Edición de proyecto Nicole Reynolds
Diseño Anna Formanek
Diseño adicional LS Design
Producción editorial Marc Staples
Control de producción Lloyd Robertson
Coordinación editorial Paula Regan
Coordinación de arte Jo Connor
Dirección de publicaciones Mark Searle

Textos Christian Glücklich y Julia March

Construcciones CEa_Tlde/Cyana, Dominik Senfter, enzo_frsh / Enzo Fischer, Frost_Beer, Jérémie Triplet, Jonathize, Malte Honsell, MinecraftRepro / Guillaume Dubocage, Ruben Six, MYodaa / Hugo, Max Briskey, Jakob Grafe, Sander Poelmans, sonja firehart, Spritzu, Erik Löf, Swampbaron y Christian Glücklich

Renderización Swampbaron

Coordinación de construcciones Minecraft
Christian Glücklich
Auxiliar de construcciones Minecraft KrimsonBOI
Apoyo técnico Maximilian Schröder

DE LA EDICIÓN ESPAÑOLA

Servicios editoriales deleatur, s.l.
Traducción Joan Andreano Weyland
Coordinación de proyecto Marina Alcione
Dirección editorial Elsa Vicente

DK desea expresar su agradecimiento a:
Jay Castello, Kelsey Ranallo, Sherin Kwan y Alex Wiltshire, de Mojang; Maximilian Schröder, por su ayuda técnica; Catherine Saunders y Lara Hutcheson, por la ayuda en la edición; y Julia March, por la revisión de los textos.

Publicado originalmente en Gran Bretaña en 2024 por Dorling Kindersley Limited DK, One Embassy Gardens, 8 Viaduct Gardens, London, SW11 7BW

Parte de Penguin Random House

Título original: *Minecraft Festive Ideas*
Primera edición 2024

Copyright del diseño de página
© 2024 Dorling Kindersley Limited

© Traducción en español 2024
Dorling Kindersley Limited

ISBN: 978-0-5938-5014-5

Impreso en China

www.dkespañol.com
Minecraft.net

MIXTO
Papel | Apoyando la
selvicultura responsable
FSC™ C018179

Este libro se ha impreso con papel certificado por el Forest Stewardship Council™ como parte del compromiso de DK por un futuro sostenible.
Para más información, visita www.dk.com/our-green-pledge.

MINECRAFT
IDEAS NAVIDEÑAS

Christian Glücklich y Julia March

CONTENIDO

CONSEJOS DE CONSTRUCCIÓN

Con más de 800 bloques para jugar, además de los que se agregan con cada actualización, lo único que necesitas son ideas para liberar tu creatividad en Minecraft. En este libro encontrarás más de 50 ideas divertidas y festivas. Antes de embarcarte en tu aventura con Minecraft, aquí tienes algunos consejos para empezar a construir.

BLOQUES BÁSICOS

Los bloques básicos de Minecraft son tus principales materiales de construcción. Los hay de muchos tipos diferentes, como madera y piedra. Muchos están disponibles como bloques, escaleras, losas y paredes.

BLOQUE   **ESCALERAS**   **PARED**

ESCOTILLA DE REDSTONE   **BOTÓN**   **LOSA**

BLOQUES DE REDSTONE

Estos bloques especiales te permitirán crear divertidas máquinas y añadir dispositivos funcionales. Se pueden utilizar para construir un *cracker* de Navidad, una vagoneta en movimiento y mucho más.

POLVO DE REDSTONE   **RAÍL PROPULSADO**   **REDSTONE**

DISPENSADOR   **PISTÓN**   **DIANA**

COLORES ALEGRES

Los bloques de colores típicos de la Navidad, como el rojo, el verde o el dorado, son ideales para estas construcciones. También puedes emplear terracota acristalada para los paquetes y el papel de regalo.

LANA BLANCA   **LANA AZUL CLARO**   **HIELO**   **TERRACOTA ACRISTALADA AZUL**

NIEVE   **LANA MAGENTA**   **LANA ROJA**   **TERRACOTA ACRISTALADA ROJA**

LANA VERDE LIMA   **LANA VERDE**   **ORO**   **TERRACOTA ACRISTALADA AMARILLA**

BLOQUES INTERACTIVOS

Los bloques interactivos, también llamados utilitarios, tienen un propósito distinto al de los demás. Pueden ser un horno para cocinar o una cómoda cama para los huéspedes de un hotel de hielo.

PALANCA   **BOTÓN**   **CAMA**   **MESA DE TRABAJO**

COFRE

HORNO

INTÉNTALO

Las construcciones de este libro tienen el objetivo de servirte de inspiración. Sé creativo y personaliza tus proyectos. Descubre ideas interesantes en las secciones Inténtalo y Consejo.

BATALLA HELADA

¿Te gustan las batallas de bolas de nieve? ¡Construye este estadio, reúne a tus amigos, fija las reglas y disputad un torneo de lucha de bolas de nieve mientras el público ruge! Las guirnaldas le dan un toque navideño al estadio, pero no se te ocurra añadir detalles cálidos o acogedores. ¡Las fogatas no pegan con las batallas de bolas de nieve!

Escaleras invertidas para los arcos de las ventanas.

Pon hojas de abeto en círculo para hacer una guirnalda.

Rompe bloques con una pala para extraer bolas de nieve.

Llena cofres con bolas de nieve para disparar a tus rivales en la batalla.

ESTADIO CIRCULAR

Crea un estadio circular, con forma de bola de nieve. El público podrá ver toda la acción y, además, ¡habrá menos escondites para los jugadores!

GRADA PARA EL PÚBLICO

Construye unas gradas para que los amigos animen a los jugadores. Crea una amplia plataforma sobre el terreno de juego, con tablones de madera, y una escalera para llegar hasta ella.

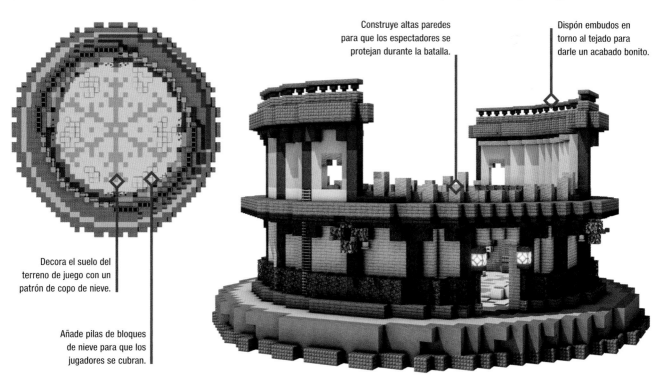

Construye altas paredes para que los espectadores se protejan durante la batalla.

Dispón embudos en torno al tejado para darle un acabado bonito.

Decora el suelo del terreno de juego con un patrón de copo de nieve.

Añade pilas de bloques de nieve para que los jugadores se cubran.

GÓLEMS DE NIEVE

Distrae a las criaturas hostiles de la batalla de bolas añadiendo algunos gólems de nieve. Estos pueden lanzar bolas de nieve, pero no pueden hacer daño. Dales vida poniendo una calabaza tallada sobre 2 bloques de nieve.

INTÉNTALO

Decora los muros de tu estadio con arte pixelado. Puedes utilizar bloques blancos para crear la imagen de un copo de nieve a juego con el del suelo, o crear un patrón a cuadros navideño.

PALACIO DE HIELO

¿No tienes planes para Nochevieja? ¡Sin problemas! Construye este magnífico palacio de hielo e invita a tus amigos a la fiesta de fin de año más fresquita de la historia, y también a la más elegante: ¡recibe a los invitados con un gran puente de hielo con linternas iluminando el camino! ¡Si colocas bien tus bloques, puede que incluso atraigas a invitados de la realeza!

Dispón andamios para construir una ventana abuhardillada.

Usa paneles de cristal tintado de azul para las estalactitas.

Construye sencillos balcones con tres escotillas deformadas, una losa de prismarina y un plato de presión de oro encima.

Usa hielo compacto o hielo azul para los muros. Los bloques de hielo normal se funden cerca de fuentes de luz.

Remata tus torres con una vela amarilla sin encender.

Coloca varios bloques de oro para dar opulencia aristocrática al castillo.

Añade detalles extra a las paredes con botones.

CONSEJO

¡Necesitarás mucho hielo para construir el palacio! En el modo de supervivencia, puedes utilizar 9 bloques de hielo para crear un bloque de hielo compacto. A continuación, emplea 9 bloques de hielo compacto para crear un bloque de hielo azul.

TORRES MAJESTUOSAS

Las torres no solo añaden grandeza e importancia a los palacios; también ofrecen magníficas vistas. Estos tejados nevados también resultan muy navideños.

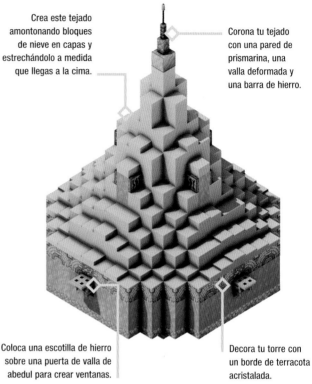

Crea este tejado amontonando bloques de nieve en capas y estrechándolo a medida que llegas a la cima.

Corona tu tejado con una pared de prismarina, una valla deformada y una barra de hierro.

Coloca una escotilla de hierro sobre una puerta de valla de abedul para crear ventanas.

Decora tu torre con un borde de terracota acristalada.

PUENTE DE HIELO

Construye un imponente puente desde el que puedas ver quién viene a visitar tu palacio. También te servirá para proteger el palacio de criaturas hostiles.

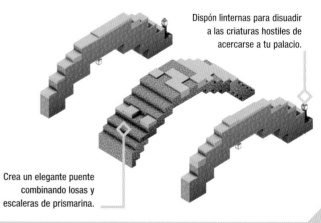

Dispón linternas para disuadir a las criaturas hostiles de acercarse a tu palacio.

Crea un elegante puente combinando losas y escaleras de prismarina.

UN HOGAR ARBÓREO

El regalo perfecto para los jugadores: un árbol navideño con una base secreta en su interior. En modo de supervivencia, es el lugar ideal para refugiarse de criaturas hostiles... ¡y muy poco navideñas! Procura que el exterior del árbol no dé pistas sobre su interior cálido y acogedor. Debería parecer un árbol enorme, muy iluminado y decorado. ¿De acuerdo?

Añade luces de piedra brillante para evitar que aparezcan criaturas.

Las estanterías son un acogedor detalle para el interior.

INTÉNTALO

Puedes construir las paredes de la base con hojas en lugar de hormigón. Si quieres un desafío extra, hazte con unas tijeras en modo de supervivencia y recoge las hojas que necesitas.

Los pisos deben tener al menos 3 bloques de altura para que los jugadores puedan caminar.

Accede a todos los niveles con escaleras, escalerillas o un ascensor de burbujas.

Construye tu árbol en un bioma de taiga nevado para darle un maravilloso paisaje invernal.

BASE DEL ÁRBOL

¡Todo lo necesario para construir este árbol cabe en un cofre doble! Para esta base solo necesitas 16 stacks de hormigón de colores y 15 stacks de terracota verde y verde lima.

ESCALERA DE CARACOL

Una sencilla escalera te serviría, pero ¿por qué no darle un toque especial? Las escaleras de caracol no solo son elegantes; además, ahorran espacio.

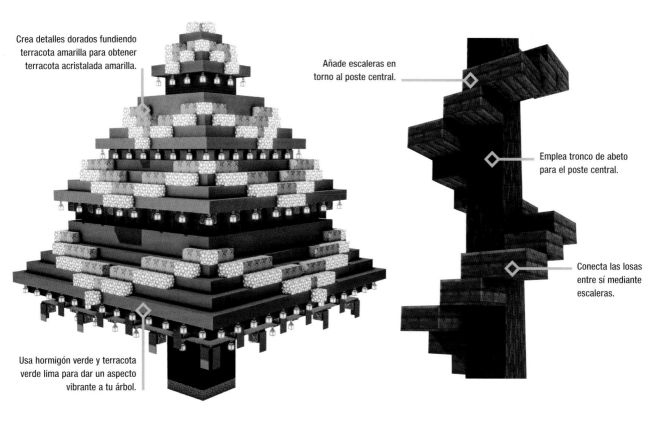

Crea detalles dorados fundiendo terracota amarilla para obtener terracota acristalada amarilla.

Añade escaleras en torno al poste central.

Emplea tronco de abeto para el poste central.

Conecta las losas entre sí mediante escaleras.

Usa hormigón verde y terracota verde lima para dar un aspecto vibrante a tu árbol.

ADORNOS

Experimenta con terracota acristalada, escotillas de colores, cristal y linternas para crear algunos adornos. Hacerlos es tan divertido como decorar tu base con ellos.

BIBLIOTECA

Prueba a añadir una biblioteca: fabrica las estanterías y crea con ellas altas filas de libros. Puedes invitar a un aldeano bibliotecario a que inspeccione los libros.

FESTIVAL DE FAROLILLOS

En invierno se celebran en todo el mundo festivales de farolillos para iluminar las oscuras noches. Lanza estos farolillos de colores al cielo para que tus jugadores se contagien del ambiente festivo. Una vez hayas atraído a los espectadores al festival, querrás que estén a gusto, así que construye puestos de comida en las cercanías. ¿Alguien quiere picar algo?

Según la tradición, los farolillos chinos son rojos para atraer buena suerte y alegría en el año nuevo.

Añade un puesto de delicias culinarias de todo el Mundo Real.

Asegúrate de tener suficientes farolillos para mantener lejos a las criaturas hostiles.

Linternas del mar, ranaluces y champiluces son buenas alternativas a la piedra brillante empleada aquí.

Añade una acogedora área con asientos de bloques de coral y losas de abedul.

LINTERNAS

Las linternas son fáciles de recrear. Usa diferentes tipos de escotillas de madera para crear una variedad de colores y patrones de linternas.

Usa escotillas carmesíes, vallas y un bloque de piedra brillante para recrear la linterna.

Cierra algunas escotillas para darle un aspecto único a la linterna.

Usa escotillas de bambú para crear un patrón entramado.

Añade linternas para crear un entorno acogedor y cálido.

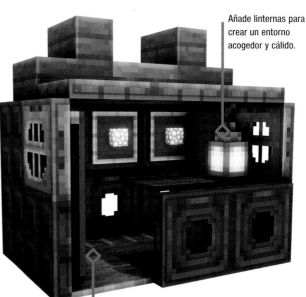

TRUCO

Construye el festival en una montaña o colina para tener una vista perfecta de los farolillos. Invita a tus amigos a que participen en una competición de farolillos.

Coloca alfombras para dar a tus aldeanos una superficie suave en la que estar.

PUESTOS

Crea distintos puestos para aldeanos de diferentes profesiones y oficios. Puedes decorar cada puesto para mostrar lo que cada aldeano vende en su interior.

CALENDARIO DE ADVIENTO

¿Impaciente por abrir los regalos? Este calendario de adviento de Minecraft te dará algo que abrir cada día hasta que llegue el gran momento. La casa de ladrillo rojo tiene ventanas numeradas, cada una con un objeto raro o una pequeña idea para construir. Velas, regalos, escenas de invierno... ¡Tú decides qué sorpresas navideñas revelarán tus ventanas!

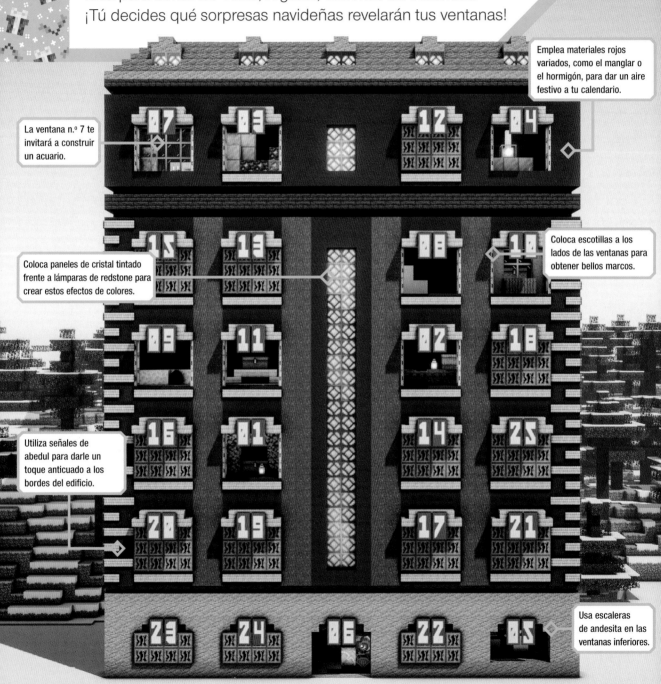

Emplea materiales rojos variados, como el manglar o el hormigón, para dar un aire festivo a tu calendario.

La ventana n.º 7 te invitará a construir un acuario.

Coloca escotillas a los lados de las ventanas para obtener bellos marcos.

Coloca paneles de cristal tintado frente a lámparas de redstone para crear estos efectos de colores.

Utiliza señales de abedul para darle un toque anticuado a los bordes del edificio.

Usa escaleras de andesita en las ventanas inferiores.

EL CALENDARIO

Cada ventana de este calendario esconde una pequeña sorpresa. Súbete cada día al andamio o a las escaleras para llegar a la ventana y ábrela quitando la escotilla.

Tapa las ventanas con coloridas escotillas.

INTÉNTALO

Añade una linterna detrás de cada ventana: cuando acabes de retirar las 24 escotillas, te quedará un brillante calendario que podrás utilizar como decoración para el gran día.

ESTANDARTES NUMERADOS

Primero crea los estandartes con lana y palos. Luego emplea un telar para teñir los estandartes en un patrón específico para crear el número, del 1 al 24.

UN BOTÍN ÉPICO

Coloca cofres y cajas de shulker llenas de botines en algunas ventanas. Entre los regalos puedes poner oro, gemas, comida o ropa encantada difíciles de obtener.

CONSTRUYE

Otras ventanas contienen miniconstrucciones que pueden servir de inspiración. Esta miniconstrucción de un faro está animada por 9 bloques de oro. Puedes construir una pirámide para colocar el faro en su cúspide.

CASCANUECES

Las nueces eran una de las golosinas favoritas en la sociedad victoriana, pero por aquel entonces no se vendían sin cáscara, así que los cascanueces eran muy necesarios. Construye este cascanueces con forma de soldado en tamaño gigante y deja que vigile tus biomas. Su expresión no es muy alegre, pero, al menos, el abrigo escarlata le da un aspecto brillante.

El hormigón blanco y los botones de rocanegra pulida son perfectos para los ojos.

Prueba a colocar escaleras y losas de distintas maneras para crear formas únicas en la barba o el cabello.

Los bloques de lana, terracota y hormigón son perfectos para el brillante uniforme del soldado.

Los cordones están hechos con carteles colocados en torno a los laterales y el frontal de los zapatos.

Usa escotillas de roble para darle textura al cabello del soldado.

Madera de roble y escaleras forman la palanca del cascanueces.

Emplea variantes de terracota para las manos y la cara.

CONSEJO

Comprueba que las proporciones de tu construcción son correctas observándola desde otra perspectiva. Aléjate un poco y examina tu estatua desde todos los ángulos posibles.

UNA BOLA DIFERENTE

Seguro que has visto fabulosas bolas en árboles navideños con escenas invernales en miniatura o figurillas dentro, pero ¿has visto alguna con un alegre esqueleto de Minecraft? Para construirla necesitarás bloques, escaleras y losas de cuarzo para el esqueleto, y un montón de bloques de cristal para la bola: ¡ten cuidado y no las rompas!

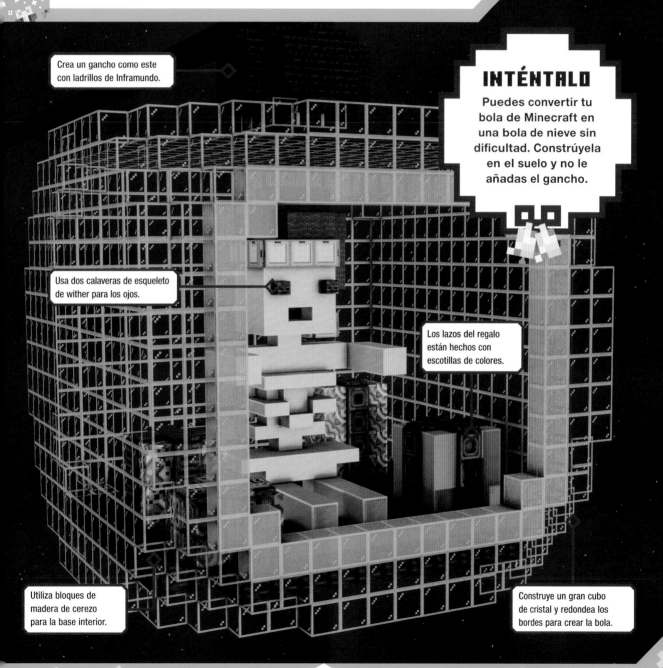

Crea un gancho como este con ladrillos de Inframundo.

INTÉNTALO

Puedes convertir tu bola de Minecraft en una bola de nieve sin dificultad. Constrúyela en el suelo y no le añadas el gancho.

Usa dos calaveras de esqueleto de wither para los ojos.

Los lazos del regalo están hechos con escotillas de colores.

Utiliza bloques de madera de cerezo para la base interior.

Construye un gran cubo de cristal y redondea los bordes para crear la bola.

MERCADO DE NAVIDAD

Este bullicioso mercado de Minecraft es el lugar ideal para esas compras navideñas de última hora. Está lleno de puestos de comida, bebida e ideas para regalar. Cuando los jugadores hayan acabado sus compras, pueden ir a patinar o tal vez prefieran sentarse a degustar una o dos porciones de tarta. Has incluido un puesto de tartas de calabaza, ¿verdad?

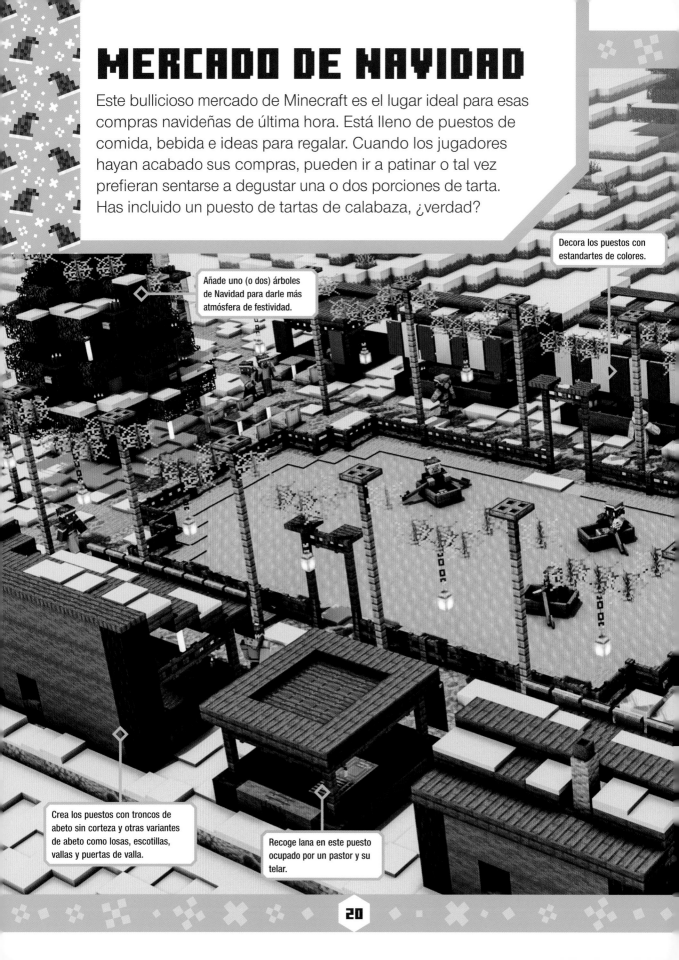

Decora los puestos con estandartes de colores.

Añade uno (o dos) árboles de Navidad para darle más atmósfera de festividad.

Crea los puestos con troncos de abeto sin corteza y otras variantes de abeto como losas, escotillas, vallas y puertas de valla.

Recoge lana en este puesto ocupado por un pastor y su telar.

INTÉNTALO

Usa distintos bloques de colores similares en el suelo del mercado. En estos caminos grises se ha usado coral muerto, piedra, andesita y bloques de grava para dar textura.

Conecta telarañas para que parezca una guirnalda de copos de nieve.

Estos asientos al aire libre están hechos de losas y trampillas de abedul.

DIVERSIÓN AL AIRE LIBRE

Disfruta del aire libre en este mercado: ve a la pista de patinaje sobre hielo o ponte cómodo en la zona de asientos. La pista de patinaje tiene 25 bloques de largo y 12 de ancho: mucho espacio para patinar libremente lejos de las multitudes navideñas.

RINCÓN ARTESANO

Construir un mercado es un trabajo duro que exige creatividad. En modo de supervivencia, crea un rincón especial para fabricar materiales de construcción como escaleras y losas que puedes vender en los puestos.

Ten cerca una piedra de afilar para reparar tus herramientas después de construir los puestos.

Utiliza un cortapiedras para crear losas, escaleras y otros bloques.

RINCONES NAVIDEÑOS

Es divertido decorar la casa de cara a las fiestas a medida que las noches de invierno se alargan. Y lo mismo puedes hacer con tu casa de Minecraft: prueba a decorar un rincón de cada habitación. ¿Qué te viene a la mente cuando piensas en la Navidad? ¿Un abeto con luces? ¡Por supuesto! ¿Un regalo envuelto? ¡Claro que sí! ¿Y una mesa con decoración invernal? ¡Sí, por favor!

COFRE DE REGALOS

Construye un gran cofre navideño con tablones de roble y madera de abeto. Añade señales de roble oscuro para dar contraste y llénalo de regalos y objetos coloridos hechos con cajas de shulker.

ÁRBOL DE NAVIDAD

Crea un magnífico árbol de Navidad en Minecraft. Este mide 6 bloques de alto y emplea una pared de ladrillos como tronco. Adórnalo con velas y una linterna en la cima.

Deja las esquinas de la tapa sin llenar para darle un aspecto redondeado.

Mantén a salvo tu botín con un cerrojo hecho de bloques y escaleras de andesita pulida.

Coloca una alfombra encima de los regalos de cajas shulker. Para abrir el regalo, primero tendrás que quitar la alfombra.

Decora el árbol con bloques de azalea florecida.

Añade una brillante linterna como toque final.

Decora el suelo con alfombras rojas y amarillas.

CENA DE NAVIDAD

Pon la mesa de losa de manglar e invita a tus amigos a una memorable cena de Navidad. Decora las paredes del comedor con una bella guirnalda.

Cuelga macetas de la guirnalda con una cadena.

Construye las sillas con cojines de losa de acacia y los respaldos con escotilla de acacia.

Los platos de presión de hierro hacen las veces de platos.

REGALO GIGANTE

Envuelve un cofre o caja de shulker con una gruesa capa de lana que imite el papel de regalo de colores. Haz que el color del paquete sugiera lo que contiene.

Este lazo está hecho con 3 bloques de lana amarilla.

Construye luces estroboscópicas con varas del End y palancas.

Puedes teñir la lana de 16 colores diferentes.

MICROCIUDAD

Construye una microciudad navideña en un marco de madera. La de la imagen, a pesar de tener solo 2 bloques de profundidad, incluye un árbol, casas y una torre.

Construye el marco con escotillas de roble oscuro, losas, escaleras y señales de roble.

Añade botones que hagan las veces de diminutas ventanas.

INTÉNTALO

Puedes hacer adornos navideños que encajen en todo tipo de rincones. Usa bloques y elementos de formas nuevas para hacer más grande un cofre, empequeñecer un árbol o crear una escena invernal gigante.

EL TALLER DE PAPÁ NOEL

Los elfos de Papá Noel trabajan mucho en Navidad, pues han de fabricar todos los regalos que luego repartirán por el Mundo Real. Construye una versión Minecraft del taller de Papá Noel con mesas, cintas transportadoras y linternas. Aunque este taller con vigas de madera esté en un bioma de llanura nevada, los elfos no pasan frío gracias a la gran chimenea.

Combina un estandarte rojo, tinte blanco y un patrón de estampado floral en un telar para crear este adorno.

Crea una chimenea de aspecto tradicional con variantes de ladrillo.

Los cofres tienen hasta 27 espacios para objetos: ¡en cada carro caben muchos regalos!

Utiliza losas de roble oscuro y abeto para un techo de madera con textura.

IGLÚ

¡No hay un hogar mejor que un iglú para pasar el invierno! Prepara tu mochila y construye una base en uno de los biomas más gélidos del Mundo Real. Este edificio en forma de cúpula es perfecto para los jugadores aventureros, con gruesas paredes para mantener el calor y habitaciones modulares. Las criaturas errantes de la taiga nevada no serán bien recibidos aquí.

Refuerza las paredes con barras de hierro para mayor resistencia.

Coloca escaleras y losas de cuarzo liso en forma de cúpula.

Conecta módulos de iglú al bioma central con pizarra abismal pulida.

Construye un pozo con valla de acacia y puerta de valla. Añade cadenas y un caldero como receptáculo para el agua.

Los curiosos zorros de nieve son bienvenidos.

INTÉNTALO

Los iglúes también se generan en los biomas de taiga nevada, llanura nevada y ladera nevada. Encuentra uno, úsalo como base, equípalo con módulos extra y añade una iluminación cálida y adornos.

MÓDULOS DEL IGLÚ

Este iglú está formado por tres módulos principales, llenos de suministros para los exploradores. Cuenta con un salón, un espacio para encantamientos y una pequeña granja.

Remata el iglú con antorchas para iluminar tu camino de regreso por la noche.

Planta bonitas flores en tu granja, como orquídeas azules y plantorchas.

El tamaño de los módulos depende de lo que contienen. El acogedor espacio para encantamientos es pequeño y de techo bajo.

Usa este libro a modo de diario y la pluma para documentar tus aventuras en la nieve.

Una fogata de alma es útil en un iglú, pues no funde la nieve.

La caña de azúcar es un cultivo útil para obtener azúcar y papel.

NIEVE MOLDEADA

Empieza a construir el iglú por el módulo más grande (central), colocando bloques de nieve en forma de cúpula. Añade módulos a cada lado; uno de ellos será la entrada.

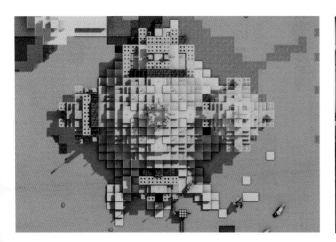

VIVIENDA

Aunque el exterior esté nevado, el interior del iglú es cálido y acogedor. Alegra el interior con literas hechas con escotillas, estanterías y una chimenea.

FAMILIA DE RENOS

¿Ves algún ciervo? No en este bioma de tundra. Aquí manda la nieve, y eso le va perfecto a la familia de los renos. Los jugadores no tienen nada que temer de estos animales. Solo han venido a divertirse y quizá a celebrar el Año Nuevo (o incluso la «vida nueva», como el pequeño Rudolf, en el centro). Los renos son animales muy grandes, así que hazlos altos e imponentes.

Los renos tienen 19 bloques de altura.

Combina 2 losas de manglar para recrear la famosa nariz roja de Rudolf.

Usa bloques de abeto y abedul para las partes claras y oscuras del pelaje del reno.

Decora el suelo con amapolas y dientes de león.

INTÉNTALO

Puedes hacer que el reno mire a derecha o izquierda colocando bloques en diagonal en el cuello. Experimenta con diferentes ángulos para crear renos diferentes.

Deja un espacio entre los bloques para representar los ojos.

Crea las pezuñas con bloques de baldosas de pizarra abismal.

ASTAS

¿Sabías que los renos pierden las astas y les vuelven a crecer cada año? En Minecraft puedes cambiárselas siempre que quieras, o incluso hacer que no tengan.

Estas astas son simétricas, pero las tuyas pueden apuntar en cualquier dirección.

Utiliza tablones y escaleras de roble oscuro para las astas.

Añade bloques de abedul para que el cuello sea de un color más claro.

Haz que la pata trasera parezca articulada colocando tablones de abeto en cruz.

El cuello de Rudolf está hecho con 3 bloques colocados en diagonal.

PEQUEÑO RUDOLF

Aunque sea el pequeño de la familia, Rudolf mide unos imponentes 15 bloques de altura y está hecho con 360 bloques. Y aun así es un reno pequeño...

Coloca las patas en ángulo para sugerir movimiento.

TARTAS NAVIDEÑAS

Mira estas construcciones que representan tartas invernales de todo el mundo. Hay una *bûche de Noël* (un tronco de Navidad), una tarta navideña japonesa de fresas y una crujiente pávlova procedente de Oceanía y Asia. ¡Ñam! Puedes crear estas o inventar tus propios modelos. ¿Por qué no compites con tus amigos para ver quién construye la tarta más apetitosa?

Añade hojas decorativas a tu tronco de Navidad.

Crea relucientes fresas en Minecraft con lana roja y velas verdes.

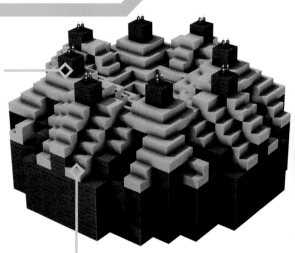

Usa alfombras marrones para crear un efecto de glaseado en la tarta.

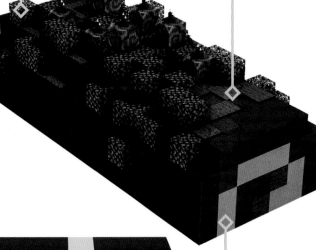

Usa escaleras de cuarzo liso para que el glaseado parezca derramarse por los lados.

Dispón losas de cuarzo liso en la parte superior y por los lados para reproducir el aspecto blanco del merengue.

Imita un remolino de nata o glaseado blanco con terracota blanca o cuarzo liso.

CONSEJO

¡Construir apetitosas tartas en Minecraft es «pastel» comido! Si no sabes por dónde empezar, comienza por los tres elementos clave de la tarta que desees construir (forma del tronco, textura del chocolate, glaseado).

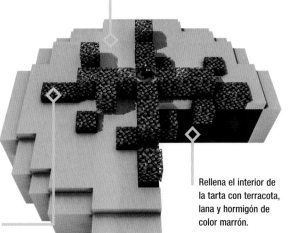

Decora la pávlova con hojas de abedul. Dispón las hojas de manera que formen un copo de nieve.

Rellena el interior de la tarta con terracota, lana y hormigón de color marrón.

MICROALDEA NAVIDEÑA

¿Te apetecen unas vacaciones en una aldea navideña de Minecraft? Tendrán que ser unas minivacaciones, porque esta construcción está hecha a escala «micro». En esta escena invernal de bolsillo reina la paz: los copos de nieve titilan a la luz del atardecer. Los jugadores se sentirán como gigantes entre las microcasas, el diminuto centro de la aldea y la minúscula pista de patinaje.

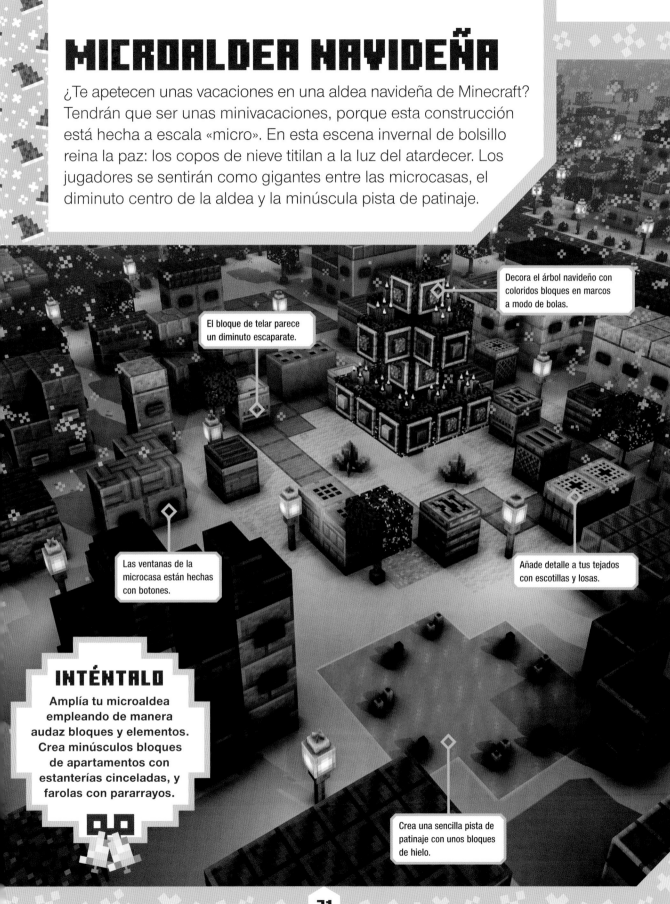

Decora el árbol navideño con coloridos bloques en marcos a modo de bolas.

El bloque de telar parece un diminuto escaparate.

Las ventanas de la microcasa están hechas con botones.

Añade detalle a tus tejados con escotillas y losas.

INTÉNTALO

Amplía tu microaldea empleando de manera audaz bloques y elementos. Crea minúsculos bloques de apartamentos con estanterías cinceladas, y farolas con pararrayos.

Crea una sencilla pista de patinaje con unos bloques de hielo.

VACACIONES SOLEADAS EN EL SUR

¿Qué? ¿No hay nieve? No en el hemisferio sur, la parte del mundo que queda debajo del ecuador. Aquí, las vacaciones navideñas caen en verano. Olvida las chimeneas encendidas y las butacas. Los jugadores preferirán ropa de playa y tumbonas al sol.

Usa hojas de roble para recrear las de palmera.

Incluye flores tropicales como plantas odre para dar una atmósfera veraniega y playera.

CONSEJO

Las guirnaldas y los estandartes resultan muy festivos sea cual sea el tiempo que haga. Crea coloridas banderas con terracota acristalada roja y terracota blanca y cuélgalas de las palmeras.

¡Un ahumador de dos parrillas es ideal para un día de barbacoa playero!

Crea tumbonas con losas de prismarina oscura y escaleras; las señales deformadas hacen las veces de reposabrazos.

Añade granos de cacao que parezcan cocos.

Este trineo está hecho con ladrillos de inframundo rojos y un fondo de bambú.

PARASOL

Protege a Papá Noel del sol con un colorido parasol. ¡Si lo haces suficientemente grande habrá sombra para dos personas!

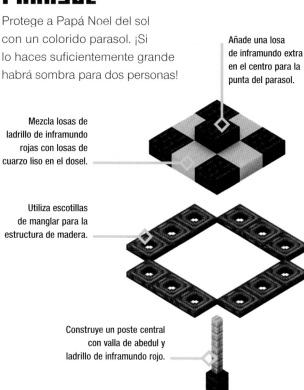

Añade una losa de inframundo extra en el centro para la punta del parasol.

Mezcla losas de ladrillo de inframundo rojas con losas de cuarzo liso en el dosel.

Utiliza escotillas de manglar para la estructura de madera.

Construye un poste central con valla de abedul y ladrillo de inframundo rojo.

BARBACOA

Prepara deliciosos platos en esta barbacoa de dos parrillas, hecha con dos ahumadores. Añade puertas de hierro a modo de tapa y una escotilla de hierro como mesa lateral, perfecta para dejar la comida.

LAS CINCO DIFERENCIAS

Un bioma nevado. Dos construcciones de Minecraft. Parecen idénticas a simple vista, pero hay cinco diferencias entre ellas pensadas para confundir y sorprender a los jugadores. Si decides lanzarte a construir este juego, recuerda dejar por escrito las soluciones. ¡No querrás acabar vencido por tu propio juego!

Usa losas o escaleras de cerezo para crear un lazo para el cabello.

Combina escaleras de cuarzo liso con puertas de hierro para estos fabulosos zapatos.

CONSEJO

Para aumentar la dificultad del juego, construye dos estructuras idénticas y añade ligeras variantes. Experimenta añadiendo nuevos bloques, colores y objetos, o cambia pequeños detalles para que el desafío sea divertido.

Crea una sonrisa con un sensor de luz solar y dos puertas de valla.

UNA GÉLIDA AMISTAD

¿Qué construirás para tu juego de las cinco diferencias? Esta construcción muestra una reina de la nieve, con capa roja y cetro, y su monísimo compañero de nieve.

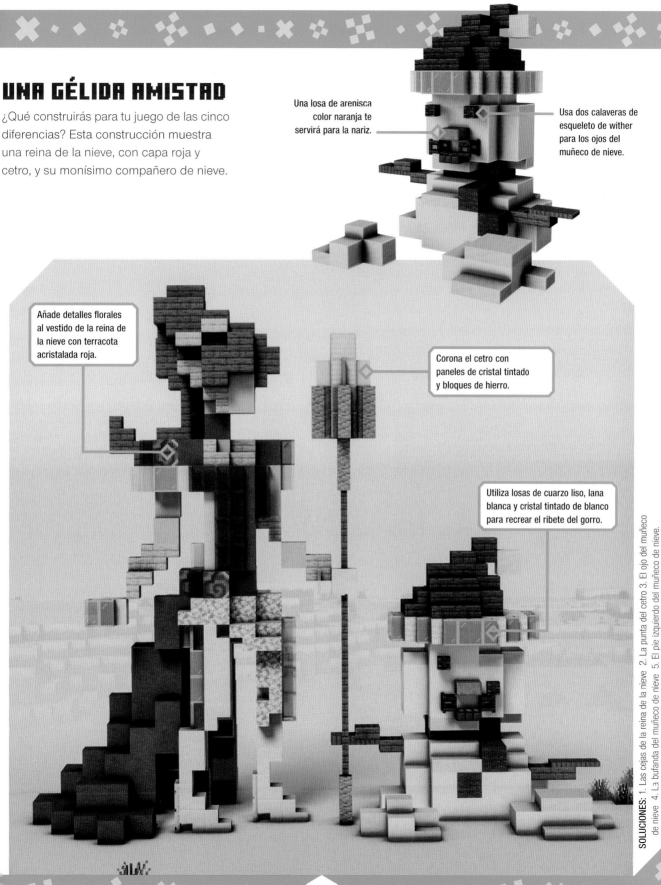

Una losa de arenisca color naranja te servirá para la nariz.

Usa dos calaveras de esqueleto de wither para los ojos del muñeco de nieve.

Añade detalles florales al vestido de la reina de la nieve con terracota acristalada roja.

Corona el cetro con paneles de cristal tintado y bloques de hierro.

Utiliza losas de cuarzo liso, lana blanca y cristal tintado de blanco para recrear el ribete del gorro.

SOLUCIONES: 1. Las cejas de la reina de la nieve 2. La punta del cetro 3. El ojo del muñeco de nieve 4. La bufanda del muñeco de nieve 5. El pie izquierdo del muñeco de nieve.

TIOVIVO NAVIDEÑO

Las Navidades pueden ser muy movidas, igual que este tiovivo. En realidad, este tiovivo decorado con guirnaldas no gira, pero construirlo resulta muy emocionante. Crea algunas monturas —sujetas a postes como los caballitos de verdad— y colócalas bajo un tejado cónico rojo. No olvides añadir luces festivas para dar ese aire invernal. ¡Anímate y comienza a construir!

INTÉNTALO

Para iluminar el techo del tiovivo, conecta lámparas de redstone a polvo y repetidores de redstone en bucle. Para crear un circuito, coloca un botón y púlsalo para dar inicio a un deslumbrante espectáculo.

Coloca lámparas de redstone y linternas para iluminar tu tiovivo.

Construye un mirador en el centro del tiovivo para disfrutar de las vistas.

Añade una decoración de navideñas guirnaldas con hojas de abeto y velas.

Crea un suelo colorido con variantes de cobre; añade una silueta de piedra lisa.

CABALLITOS

Construye los caballitos con vallas, losas, escaleras y escotillas. También puedes experimentar con otros animales como unicornios o jirafas.

TECHO CÓNICO

Apila bloques de colores en círculo para crear el techo del tiovivo. Conforme asciendes, las pilas de bloques deberían ser cada vez más altas para crear la forma de cono.

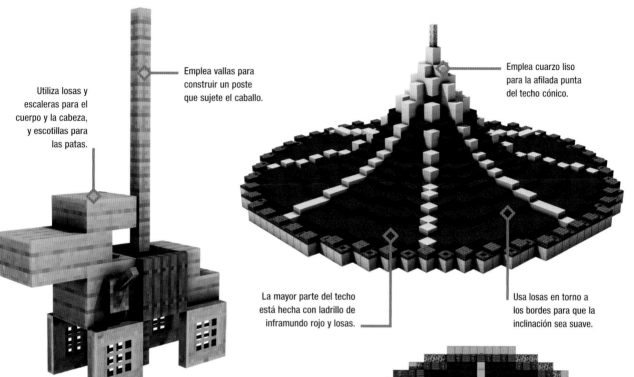

Utiliza losas y escaleras para el cuerpo y la cabeza, y escotillas para las patas.

Emplea vallas para construir un poste que sujete el caballo.

Emplea cuarzo liso para la afilada punta del techo cónico.

La mayor parte del techo está hecha con ladrillo de inframundo rojo y losas.

Usa losas en torno a los bordes para que la inclinación sea suave.

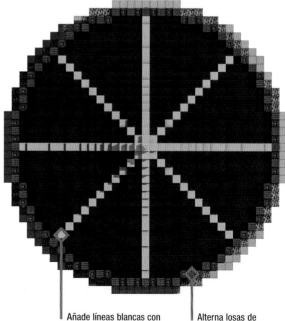

MIRADOR

Sube por la escalera hasta el mirador situado en el centro del tiovivo. Una vez allí puedes sentarte en un banco y ver a los jugadores divertirse.

Añade líneas blancas con cuarzo liso para recrear una forma de estrella.

Alterna losas de manglar y escotillas en el borde del techo.

JUGANDO AL ESCONDITE

A todo el mundo le gusta jugar al escondite. ¿Y si construyes una zona de juego en Minecraft con un toque festivo? Los jugadores pueden ocultarse bajo los árboles, dentro de cabañas y tras enormes bastones de caramelo. Un consejo para cuando te toque buscar a ti: ¿recuerdas que está prohibido mirar los regalos antes de tiempo? ¡Por esta vez podrás hacerlo!

Los jugadores se pueden esconder detrás de estos bastones de hormigón blanco y rojo y escaleras de cuarzo.

Crea regalos suficientemente grandes de hormigón y lana para que te puedas esconder.

Construye sencillos caminos de adoquín, andesita y diorita.

Planta montones de abetos para crear escondites navideños.

Deja un espacio entre el hielo flotante y el agua para que los jugadores se escondan en el estanque.

INTÉNTALO

Acuerda unas reglas para jugar al escondite con tus amigos antes de comenzar. Por ejemplo, podéis construir una valla en torno al área de juego para que esté bien delimitada.

REGALO SORPRESA

Crea un mapa del escondite con innovadores escondrijos, como, por ejemplo, dentro de un gran regalo. Añade una abertura secreta de 2 bloques de altura para que los jugadores se metan dentro.

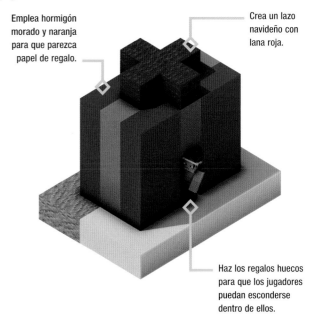

Emplea hormigón morado y naranja para que parezca papel de regalo.

Crea un lazo navideño con lana roja.

Haz los regalos huecos para que los jugadores puedan esconderse dentro de ellos.

ESCONDITE NAVIDEÑO

Construye una cabaña con tablones, troncos y escaleras de madera. Puede ser un escondite genial o el lugar ideal para que el que busca espere mientras los demás se esconden.

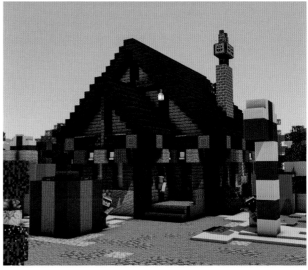

MUÑECOS DE NIEVE

Aunque no nieve en el mundo real, siempre puedes construir un
muñeco de nieve en Minecraft. Puede que tú no necesites gorro
y bufanda, pero en un bioma nevado, tus muñecos lo necesitarán.
Además de materiales de colores para sus complementos,
tendrás que usar bloques y losas marrones para los brazos.
¡No olvides añadir una nariz y una fila de botones!

CON ESTILO

Abriga a tus muñecos de nieve con gorros y
bufandas hechos con variantes de lana y piedra.
Experimenta con distintas combinaciones de
colores para darles el máximo estilo.

Construye un gorro brillante
con ladrillos de inframundo
rojos y lana.

Escaleras carmesíes y losas
con madera de cerezo para
el gorro y la bufanda.

Usa losas y escaleras
de madera para los
brazos como ramas.

Haz que el ala del
sombrero destaque
utilizando madera
de abedul.

Se usan los mismos
materiales para la
bufanda y para el
gorro, ambos a juego.

Señales y escaleras
sirven de bonitos botones.

Este muñeco de nieve tan
robusto mide 12 bloques de
ancho en la zona más gruesa.

CONSTRUIR EL CUERPO

Para construir un muñeco de nieve tendrás que crear tres secciones redondeadas: una pequeña para la cabeza, una mediana para el torso y una grande como base.

El gorro (incluyendo el ribete) mide 4 bloques de altura.

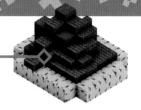

El gorro rojo está hecho con escaleras y losas de manglar, con madera de manglar sin corteza.

Ponle una nariz bien puntiaguda utilizando un pararrayos.

Usa rocanegra pulida para los clásicos ojos de piedra.

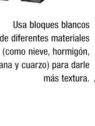

Acorta la sección media si quieres hacer tu muñeco menos alto.

Usa bloques blancos de diferentes materiales (como nieve, hormigón, lana y cuarzo) para darle más textura.

Este muñeco de nieve mide 18 bloques de altura.

ADIÓS, MUÑECO DE NIEVE

¡El sol ha salido y ha fundido a este pobre muñeco de nieve! Reutiliza los bloques del muñeco de nieve para crear, en su lugar, este charco de aguanieve.

La bufanda de basalto liso aún es visible.

Agrega unos troncos de acacia sin corteza cerca de la base para mostrar que la nariz ya casi ha llegado hasta el suelo.

LA CABRA YULE

Esta cabra de paja es un símbolo tradicional de la Navidad en los países escandinavos. La mayoría son pequeñas, para colgarlas de árboles, pero esta de Minecraft es tan grande que solo cabrá en el campo. Construye tu cabra con fardos de heno y exhíbela, orgullosa, para que otros jugadores de Minecraft la admiren.

CONSEJO

Comienza a construir la cabra delineando la forma. Para esto puedes usar cualquier material, como tierra y madera. Esta silueta te servirá de guía y te ayudará a visualizar y recrear las características de la cabra.

Usa botones de rocanegra pulida a cada lado para los ojos de la cabra.

Añade paneles de cristal tintados de blanco para darle una capa de hielo.

La barba de la cabra se puede recrear con bloques marrones como adobe, madera o espeleotema.

Crea contraste de texturas con el heno con bloques como terracota roja y escaleras de manglar.

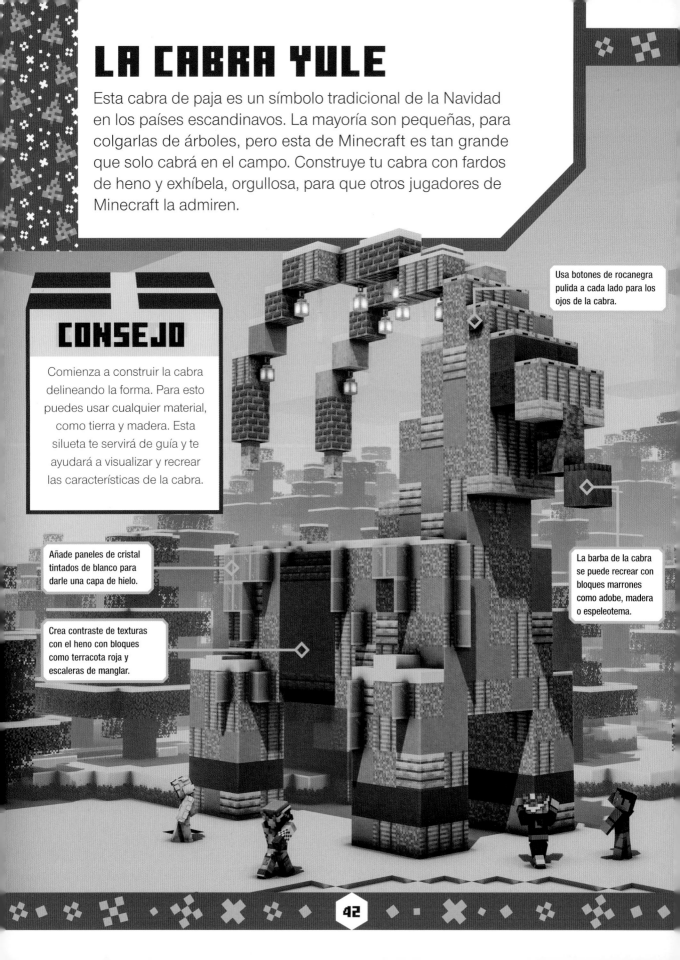

UN ALEGRE PINGÜINO

¿Qué te gustaría construir ahora? Te proponemos este pingüino de Minecraft, blanco y negro y totalmente feliz en la nieve. Los pingüinos no son las aves más gráciles a la hora de caminar, pero este tiene una pinta muy digna de pie, con su huevo, vigilando su gélido bioma. No le hagas las alas demasiado grandes: los pingüinos no pueden volar, ¡así que no le des ideas!

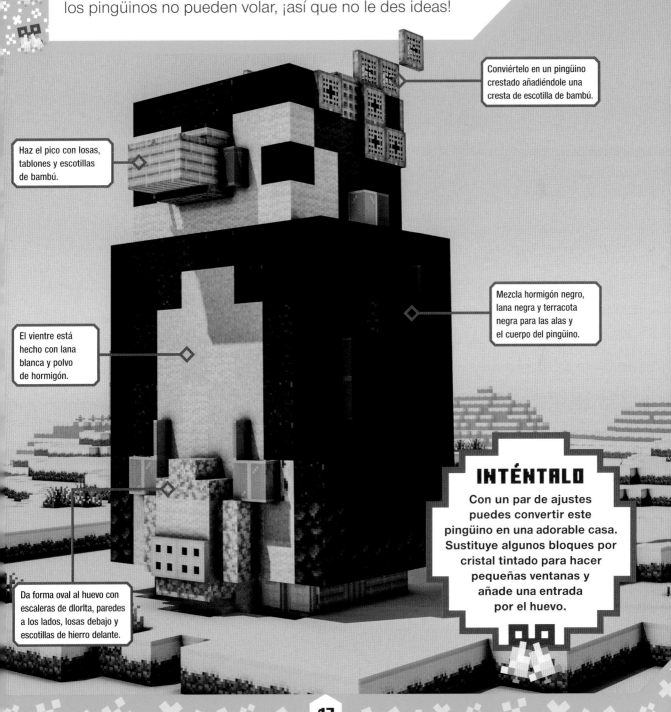

Conviértelo en un pingüino crestado añadiéndole una cresta de escotilla de bambú.

Haz el pico con losas, tablones y escotillas de bambú.

Mezcla hormigón negro, lana negra y terracota negra para las alas y el cuerpo del pingüino.

El vientre está hecho con lana blanca y polvo de hormigón.

Da forma oval al huevo con escaleras de diorita, paredes a los lados, losas debajo y escotillas de hierro delante.

INTÉNTALO

Con un par de ajustes puedes convertir este pingüino en una adorable casa. Sustituye algunos bloques por cristal tintado para hacer pequeñas ventanas y añade una entrada por el huevo.

UN TREN ÉLFICO

El taller de Papá Noel bulle de actividad. Los elfos han de leer las cartas, crear y empaquetar regalos y colocarlos a tiempo en el trineo. ¿Cómo lo hacen sin equivocarse? ¡Pues gracias al Elfo Exprés! Este raíl propulsado con vagonetas une ágilmente todas las fases de producción, evitando atascos y evitando errores, para que los regalos lleguen correctamente y a tiempo.

Este taller utiliza raíles propulsados que impulsan las vagonetas.

Los jugadores pueden montarse en las vagonetas.

INTÉNTALO

Convierte estas estanterías élficas en un práctico espacio de almacenamiento. Sustituye los bloques de terracota acristalada por cofres y cajas de shulker en las que quepan cientos de cosas.

Mezcla tablones, losas y escotillas de jungla para crear estanterías rústicas.

Agrega coloridos bloques de terracota acristalada a las estanterías para que parezcan llenas de regalos.

Utiliza bloques sólidos o escotillas huecas para crear pilares que soporten el sistema de raíles.

Las colmenas crean una superficie con textura y de aspecto natural.

MESA DE TRABAJO

Transforma tu mesa de trabajo en una mesa mágica. Añade escaleras a cada lado y un marco encima para mostrar los proyectos de los elfos.

ES NAVIDAD PARA TODOS

No olvides que también los elfos quieren celebrar las fiestas. Decora el taller con un árbol de terracota verde, hojas de cristal tintado de verde y velas y farolillos para que ellos también disfruten del ambiente festivo.

LABERINTO NEVADO

Izquierda, derecha, izquierda, iz... ¡Oh, no! ¡Otro callejón sin salida! Este navideño pero frustrante laberinto circular, lleno de setos nevados y caminos sin salida, tendrá a los jugadores corriendo de un lado a otro mientras intentan llegar al árbol de Navidad del centro. Los jugadores que lo logren disfrutarán de un concierto de villancicos y de un delicioso batido de chocolate.

Pon estandartes verdes y rojos en altos postes para que los jugadores sepan siempre dónde está el centro.

Crea esta estrella con cuatro escaleras de abedul giradas.

Decora la base del árbol con coloridas cajas de regalos.

Construye los setos con distintos tipos de hojas como roble y abeto.

Esparce aquí y allá capas de nieve no demasiado gruesas.

¡LABERÍNTICO!

Para un laberinto circular, crea un círculo grande y cuatro más pequeños en su interior. Abre y cierra puertas entre los círculos para crear una ruta desafiante a través del laberinto. También puedes crear callejones sin salida.

UN ÁRBOL COLOSAL

La gran atracción del laberinto es el árbol de Navidad. Hazlo más ancho en la base y estréchalo hacia la punta. No pasa nada si no es totalmente simétrico. ¡La mayoría de los árboles reales no lo son!

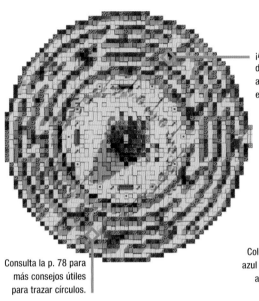

¡Añade brillantes cajas de regalos para animar a tus amigos cuando se equivoquen de camino!

Consulta la p. 78 para más consejos útiles para trazar círculos.

Capas de hojas de tamaños distintos le darán al árbol una forma más variada y, por tanto, más realista.

Usa telarañas para crear carámbanos y copos de nieve.

Coloca cristal tintado de azul y de rojo en diagonal a modo de guirnaldas.

Comienza a añadir hojas a 3 bloques por encima del suelo; así dejas espacio para colocar los regalos.

EL CENTRO DEL LABERINTO

¡Felicidades! ¡Has llegado al centro! Recompensa a tus amigos por completar el juego con regalos bajo el árbol y un concierto de villancicos en el tocadiscos.

INTÉNTALO

Cronometra el tiempo que tardan los jugadores en completar el laberinto. Si a tus amigos les cuesta, crea un laberinto con menos capas que puedan completar en unos cinco minutos.

¡VAYA CRACKER!

Un *cracker* es un regalo envuelto en forma de caramelo, típico de la Navidad en Reino Unido. A veces, el regalo sorpresa que hay en su interior puede decepcionar, pero eso no te pasará con el de Minecraft porque tú serás quien construya su contenido. Este *cracker* gigante se abre mediante dos palancas y revela un cálido escondrijo para jugadores de Minecraft.

Añade plantas y champiñones del mismo color que el *cracker* para darle textura.

Coloca velas y bloques de magma para iluminarlo.

Usa puertas de valla, escotillas y escaleras en los extremos para darle un aspecto irregular.

CONSEJO

Para crear la forma del *cracker*, construye dos cubos huecos de 7×7×7 para los extremos, y un cubo más alargado con el mismo ancho para la parte central. Únelos con una sección más pequeña, de 3×2×3, hecha de escaleras y losas.

CIRCUITO DE REDSTONE

Abre la puerta a pistones tirando de una palanca
a cada lado del *cracker*. Deberás tirar de ambas
palancas para abrir la puerta y entrar.

Desafía a otros
jugadores a entrar en
el *cracker* ocultando
las palancas.

Construye una puerta que
se abra usando dos pistones,
redstone y dos palancas.

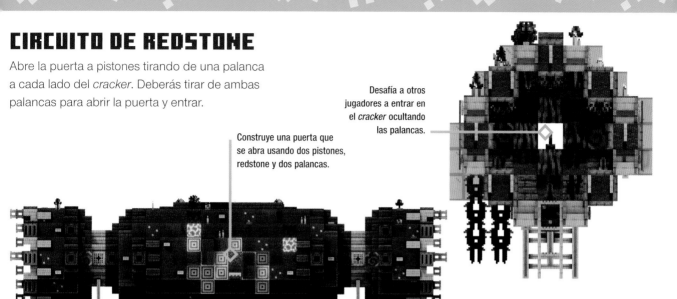

Añade escaleras para que
puedas llegar a las palancas.

REFUGIO OCULTO

Si los jugadores logran averiguar cómo
abrir el *cracker* serán recompensados
con un refugio secreto. Llénalo de
objetos valiosos y golosinas.

El liquen resplandeciente emite
una luz suave y cálida.

Para la puerta se han
utilizado bloques de
diana, rojos y blancos,
de estilo navideño.

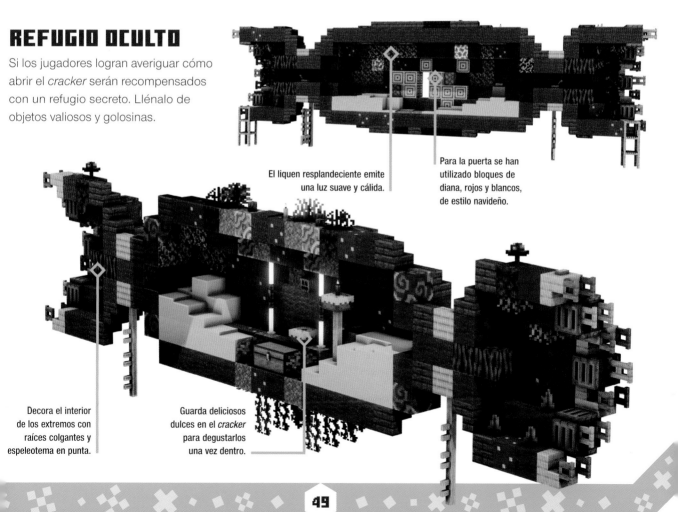

Decora el interior
de los extremos con
raíces colgantes y
espeleotema en punta.

Guarda deliciosos
dulces en el *cracker*
para degustarlos
una vez dentro.

UNA PLAZA NEVADA

Esta plaza central de Minecraft irradia alegría navideña, con todos los escaparates decorados para las fiestas. ¿Se verán tentados los peatones a una compra de última hora? Celosías, chimeneas torcidas, techos inclinados y calles adoquinadas dan un aspecto histórico a la plaza. Es un revoltijo de lo más alegre, así que únelo todo con telarañas y copos de nieve.

Cubre los tejados con nieve para darle a tu ciudad un ambiente navideño.

Coloca coloridas plantas en el escaparate de la floristería para atraer a los clientes.

Los árboles que embellecen la plaza central son abetos.

Palancas a modo de brazos de los muñecos de nieve.

INTÉNTALO

Para construir un muñeco de nieve, coloca un bloque de nieve sobre uno de calcita, con una calabaza tallada como cabeza. La calcita evita que se convierta en un gólem de nieve.

Crea un saledizo de uno o dos bloques para darle a este edificio un aire medieval.

Crea un jardín en el centro con hierba alta y baja, amapolas y dientes de león.

TIENDAS INVERNALES

Crea tiendas deliciosamente invernales construyendo con hielo. Este gélido bloque conforma un alegre escaparate azulado que atraerá a los clientes más frescos.

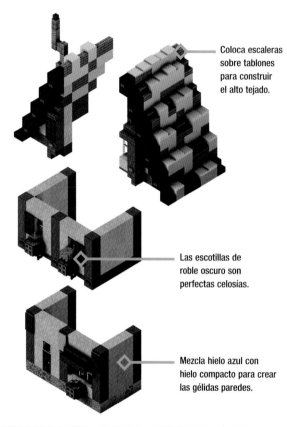

Coloca escaleras sobre tablones para construir el alto tejado.

Las escotillas de roble oscuro son perfectas celosías.

Mezcla hielo azul con hielo compacto para crear las gélidas paredes.

CAMINOS TRANSITABLES

Llena de nieve la plaza de tu pueblo. Acumula tantas capas como desees, pero recuerda dejar el camino a las tiendas despejado, o los tenderos se enfadarán.

INTERIOR NAVIDEÑO

¡Felices fiestas! Puede que fuera haga frío, pero este acogedor interior está lleno de calidez y alegría. Porque, ¿qué puede ser más navideño que un salón con vigas de madera, una chimenea encendida y la suave luz de las velas? Un árbol de Navidad ocupa una de las esquinas, y la mesa está llena de adornos. Es el lugar ideal para celebrar las fiestas con tus colegas de Minecraft.

Construye un árbol de Navidad con hojas y bloques, o planta un árbol en tierra, podsol o hierba.

Crea una guirnalda de hojas para decorar la chimenea.

Decora las paredes con estandartes rojos.

INTÉNTALO

Los pistones pueden constituir una gran mesa alternativa. Los puedes extender colocándolos sobre bloques de redstone, antorchas o palancas. Añade escaleras como asientos y decora la mesa con velas.

Utiliza coloridos bloques de alfombra para crear una superficie acogedora.

ÁRBOL DE NAVIDAD

Un árbol de Navidad alegra cualquier habitación durante esta época. Construye tu propio árbol en Minecraft con hojas de abeto y troncos de madera.

CHIMENEA

Las chimeneas añaden encanto a cualquier escena navideña. Usa ladrillos, ladrillos de piedra y troncos de madera para la base; luego añade intrincados detalles festivos.

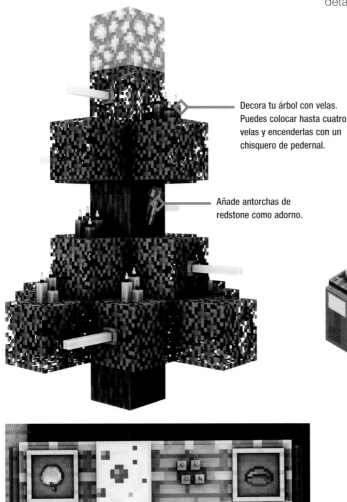

Decora tu árbol con velas. Puedes colocar hasta cuatro velas y encenderlas con un chisquero de pedernal.

Añade antorchas de redstone como adorno.

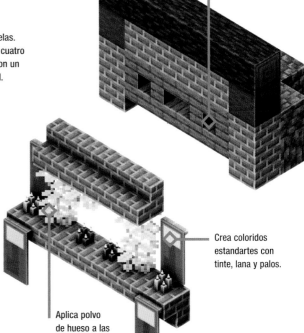

Combina escaleras invertidas y losas para obtener esta intrincada forma.

Crea coloridos estandartes con tinte, lana y palos.

Aplica polvo de hueso a las enredaderas de cueva para obtener bayas resplandecientes.

MESA DECORADA

Decora tu mesa con platos hechos con marcos y muestra tus comidas favoritas, y no dejes de añadir unas velas encendidas para iluminar la mesa.

Usa fogatas para tener una chimenea crepitante. El fuego puede utilizarse para cocinar deliciosos platos invernales.

Añade barras de hierro a tu chimenea a modo de salvachispas.

COPOS DE NIEVE

En esta época del año hay copos de nieve por todas partes. Los verás en postales, en jerséis, en adornos e incluso, tal vez, en la vida real. Crea un montón de copos de nieve para decorar tus biomas de Minecraft. Puedes mezclar cualquier color y jugar con los tamaños. Para estos copos se han utilizado muchos bloques, pero los puedes hacer incluso más grandes.

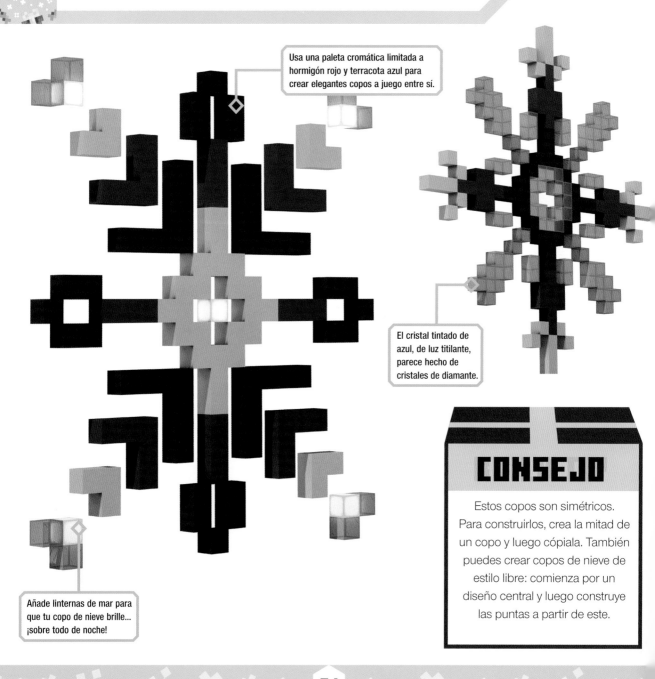

Usa una paleta cromática limitada a hormigón rojo y terracota azul para crear elegantes copos a juego entre sí.

El cristal tintado de azul, de luz titilante, parece hecho de cristales de diamante.

Añade linternas de mar para que tu copo de nieve brille... ¡sobre todo de noche!

CONSEJO

Estos copos son simétricos. Para construirlos, crea la mitad de un copo y luego cópiala. También puedes crear copos de nieve de estilo libre: comienza por un diseño central y luego construye las puntas a partir de este.

A LA LUZ DE LAS VELAS

Las velas siempre dan una atmósfera navideña a una estancia. Constrúyelas con colores vivos para crear un bonito y alegre espectáculo de luces, y dale a cada vela una altura diferente para que sea más realista. Las velas de este proyecto están en un antiguo candelabro con un asa, como los que se usaban en la era victoriana... ¡o los del Sr. Scrooge en *Cuento de Navidad*!

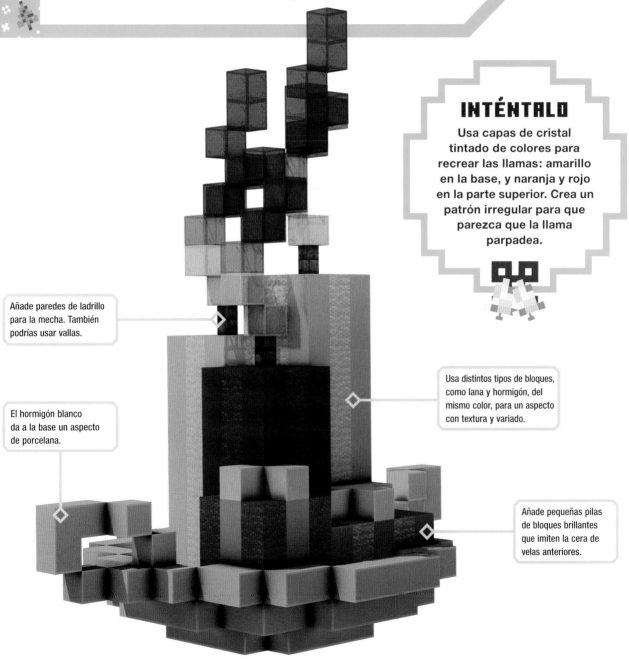

INTÉNTALO

Usa capas de cristal tintado de colores para recrear las llamas: amarillo en la base, y naranja y rojo en la parte superior. Crea un patrón irregular para que parezca que la llama parpadea.

Añade paredes de ladrillo para la mecha. También podrías usar vallas.

El hormigón blanco da a la base un aspecto de porcelana.

Usa distintos tipos de bloques, como lana y hormigón, del mismo color, para un aspecto con textura y variado.

Añade pequeñas pilas de bloques brillantes que imiten la cera de velas anteriores.

CAFETERÍA ACOGEDORA

¡No dejes a los jugadores en la calle con este frío! El techo a rayas de esta cafetería alegrará la vista a cualquiera que pasee por un bioma nevado. Entra a por una bebida y una porción de tarta de calabaza, bien servidos por un hombre de jengibre. Pon muchas mesas en el interior y varas del End, y crea una atmósfera tan acogedora que los clientes no quieran irse nunca.

Utiliza hornos para cocinar sabrosos platos, como filetes y chuletas de cerdo.

Construye la barra de la cafetería con losas de cuarzo liso y escaleras.

Las macetas marrones parecen tazas de chocolate caliente.

Pon comida en marcos: es una buena forma de mostrar el menú del día a los clientes.

Decora las mesas con flores de colores.

INTÉNTALO

Las cafeterías necesitan mucho espacio para guardar alimentos. Haz la tuya con un techo bajo como este, con un barril de almacenaje de fácil acceso, que parezca un innovador armario colgante.

CÁLIDO REFUGIO

Atrae a la gente a tu cafetería haciendo de la entrada un cálido refugio. Decántate por los colores vivos y añade muchas velas para crear un ambiente acogedor.

Construye un magnífico toldo con bloques de lana roja y blanca.

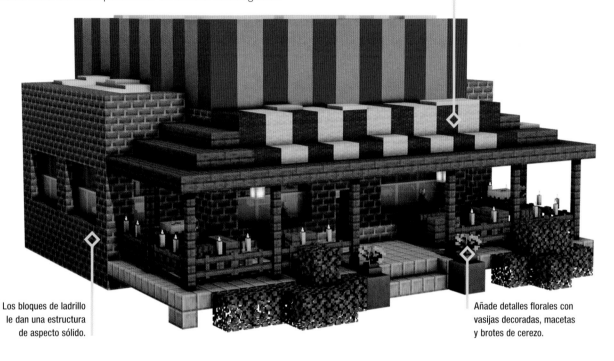

Los bloques de ladrillo le dan una estructura de aspecto sólido.

Añade detalles florales con vasijas decoradas, macetas y brotes de cerezo.

SABROSOS MANJARES

Dales un festín a tus ojos y a tus papilas gustativas. La cafetería ofrece deliciosa comida para todos los gustos, como galletas, tartas o incluso platos de carne. Acompaña tu comida con un refrescante vaso de leche. ¡Ñam!

AL AIRE LIBRE

Invita a tus amigos a la encantadora terraza de la cafetería y disfrutad de las vistas. Esta terraza se ha construido con vallas y puertas de valla, con suelo de cobre cortado oxidado y tejado de losas de abeto.

BOSQUE DE CARAMELO

En Navidad se cuelgan bastones de caramelo de los árboles. Sin embargo, en esta construcción de Minecraft... ¡los bastones son los árboles! Construye todo un bosque de caramelo para que los jugadores lo recorran, antorcha en mano. También puedes disponer algunas linternas a lo largo del sendero para que los jugadores tengan un paseo muy dulce.

Mezcla dos escaleras de púrpura y una losa de púrpura para crear esta bonita cinta.

Para darle densidad al bosque, añade árboles y bastones de caramelo de distintas alturas.

Decora los senderos del bosque con vallas de madera de cerezo.

Organiza el siguiente juego. Dividíos en dos equipos. El primer equipo se pone en marcha y deja un rastro de migas (galletas en marcos). El segundo equipo trata de encontrar al primer equipo siguiendo las pistas de migas.

Decora tu bosque de caramelo con un bastón de terracota amarilla y hormigón blanco.

Ilumina el sendero colocando linternas en las vallas y en los bastones.

Utiliza adobe para recrear el tono marrón de los senderos.

ÁRBOL DE CARAMELO

Este bosque también está poblado de árboles de caramelo. Para construir uno, sustituye el tronco de un abeto por terracota roja e intercambia las hojas por bloques rojos y blancos.

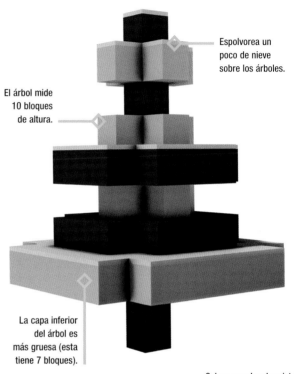

Espolvorea un poco de nieve sobre los árboles.

El árbol mide 10 bloques de altura.

La capa inferior del árbol es más gruesa (esta tiene 7 bloques).

REGALOS GIGANTES

Añade regalos gigantes para señalar lugares por todo el bosque. Las cajas están hechas de terracota acristalada; para las cintas se usan bloques de colores.

Coloca paneles de cristal por los laterales y por la parte superior para crear las cintas.

Gira los bloques de terracota acristalada para obtener distintos patrones en el papel de regalo.

DESAFÍO INVERNAL

Reta a tus amigos con este desafío invernal. Delimita una porción de terreno de Minecraft (un «chunk», de 16 × 16 bloques), pon en marcha el cronómetro y... ¡a construir! Esta imaginativa casa cuenta con varias plantas, balcones, toldos, linternas e incluso un banco en el exterior para que los jugadores admiren las vistas, y todo eso en el espacio de un «chunk».

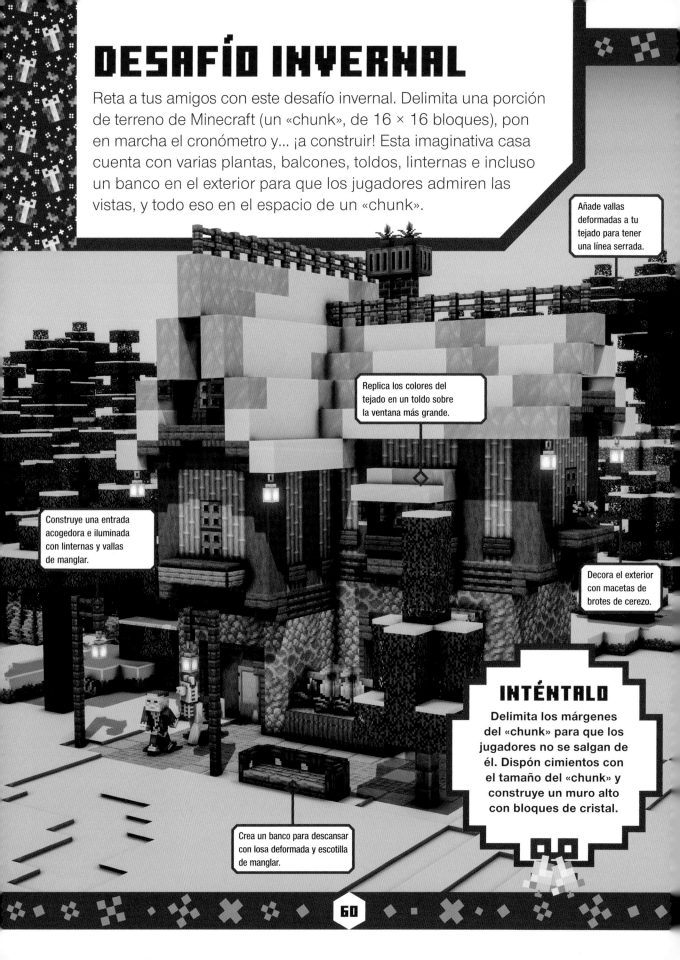

Añade vallas deformadas a tu tejado para tener una línea serrada.

Replica los colores del tejado en un toldo sobre la ventana más grande.

Construye una entrada acogedora e iluminada con linternas y vallas de manglar.

Decora el exterior con macetas de brotes de cerezo.

INTÉNTALO

Delimita los márgenes del «chunk» para que los jugadores no se salgan de él. Dispón cimientos con el tamaño del «chunk» y construye un muro alto con bloques de cristal.

Crea un banco para descansar con losa deformada y escotilla de manglar.

IMAGINACIÓN SIN LÍMITES

Empieza construyendo una base de 16×16. Luego deja fluir tu creatividad. Es posible crear una casa muy detallada aunque el espacio disponible sea limitado.

LOS MATERIALES IMPORTAN

Emplea una amplia gama de materiales para darle a tu construcción un aspecto impresionante. Puedes utilizar colores brillantes y texturas que contrasten.

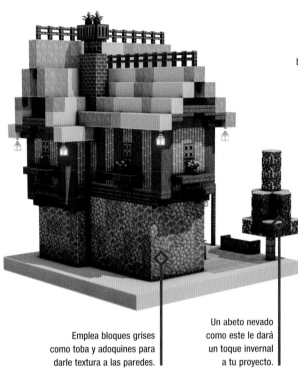

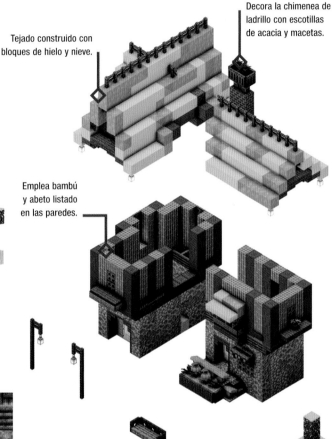

Decora la chimenea de ladrillo con escotillas de acacia y macetas.

Tejado construido con bloques de hielo y nieve.

Emplea bambú y abeto listado en las paredes.

Emplea bloques grises como toba y adoquines para darle textura a las paredes.

Un abeto nevado como este le dará un toque invernal a tu proyecto.

Emplea nido de abejas y estanterías para crear un intrincado sendero.

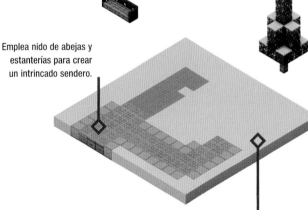

DETALLES CON CLASE

Añade detalles interesantes, como puertas y marcos de ventanas hechos con escotillas y escaleras de abeto, así como un bonito parterre de madera. Mezcla troncos de bambú y de abeto para crear el diseño de las paredes.

Añade bloques de nieve a tu primera capa para crear una base invernal.

PUERTA ÉLFICA

¡Toc, toc! ¿Quién es? Tras esta puerta mágica, decorada con habilidad por los elfos de Papá Noel, podría haber cualquier cosa. ¡Tal vez incluso un elfo! Está construida con tablones de madera, lleva un festivo borde rojo y verde y tiene una robusta cerradura. ¡Añade un ojo de buey con una guirnalda para que los elfos puedan asomarse!

Crea una guirnalda de lana blanca y roja; añádele linternas para darle un toque festivo.

Decora tu entrada con una guirnalda de hojas de roble.

Crea estas mágicas luces con bloques de cristal y bloques luminosos.

Cuelga de la pared calcetines hechos con hormigón y terracota.

El lazo se hace con losas y paredes de ladrillos de inframundo rojos.

Conduce a los jugadores hasta tu puerta con un sendero de bloques y capas de nieve.

CONSEJO

Juega con las proporciones de tus construcciones. Esta puerta puede parecer una pequeña entrada para elfos, ¡pero mide 26 bloques de altura! Crea hierba gigante con bloques de terracota u hormigón para que quede a la escala de la puerta.

TOMTE NISSE

Estos adorables gnomos proceden de Escandinavia. Se dice que protegen a quienes los respetan y que castigan a quienes no lo hacen. ¡Así que será mejor que hagas un buen trabajo con tus *Tomte Nisse* de Minecraft! No te olvides de la barba blanca y del gorro cónico, y dales una linterna para que iluminen el camino por el bosque al anochecer.

Crea gorros de lana extragrandes que les cubran los ojos.

Usa escotillas de abedul, botones de piedra y bloques de cuarzo cincelado para decorar los gorros.

Añade una gran nariz rosada hecha con lana.

INTÉNTALO

Combina telarañas con lana blanca y polvo de hormigón blanco para crear las barbas de los gnomos. Las telarañas le darán un aspecto irregular a los bordes.

Los zapatos de lana gris van a juego con los gorros.

Ilumina el camino con linternas de cristal tintado con bloques de magma dentro.

HOTEL DE HIELO

No a todo el mundo le gusta hacer de anfitrión en vacaciones. Si este es tu caso, ¿por qué no te alojas en este hotel de hielo para una noche de gélida comodidad? En este alojamiento te darán un frío recibimiento, pero, a cambio, podrás disfrutar de sus amplias habitaciones y de las vistas a la tundra y a un espectáculo de luces. Aparca fuera tu trineo y prepárate para relajarte.

Construye una cúpula para el edificio principal con bloques de hielo y de hielo compacto.

Oculta los faros bajo la nieve. Solo quedan a la vista los paneles de cristal que cambian el color de los faros.

Ha llegado un minitrineo fabricado con escotillas, señales y losas de abeto.

Crea estas lámparas de exterior con una antorcha de alma y una valla de roble oscuro.

CONSEJO

Para tu espectáculo de luces, crea una pirámide de 3×3 con bloques de hierro y pon un faro en la cima. Apágalo, de día, con redstone. Usa un pistón adhesivo conectado a una palanca en el hotel para mover uno de los bloques de hierro y encenderlos o apagarlos.

Añade un elegante dintel arqueado con losas de cuarzo liso.

Ilumina tu hotel con coloridos paneles de cristal tintado.

UNA PLANIFICACIÓN PERFECTA

Haz un plano previo de tu hotel con un diseño simétrico. La recepción está en el centro, hay un almacén en la parte trasera y amplias habitaciones a cada lado. Los dormitorios tienen capacidad para ocho invitados (cuatro a cada lado).

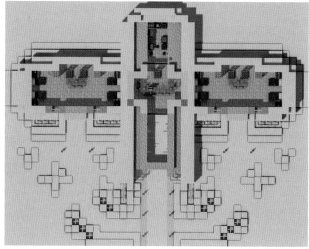

DORMITORIOS RELAJANTES

Amuebla las habitaciones del hotel con mesas, sillas y estanterías. Utiliza materiales y colores a juego con los utilizados en el exterior, como una mesa hecha de cristal tintado de azul claro y bloques del mismo tono, para crear un elegante y gélido interior.

BOLA DE NIEVE

Esta bola de cristal es idéntica a las que sirven de decoración en el mundo real. Por desgracia, no podrás agitar tu bola de nieve de Minecraft, pero siempre podrás admirar la escena que construyas en su interior. Esta contiene un pequeño árbol y dos bastones de caramelo, pero tu bola puede contener una escena al aire libre o tu recuerdo preferido de las fiestas.

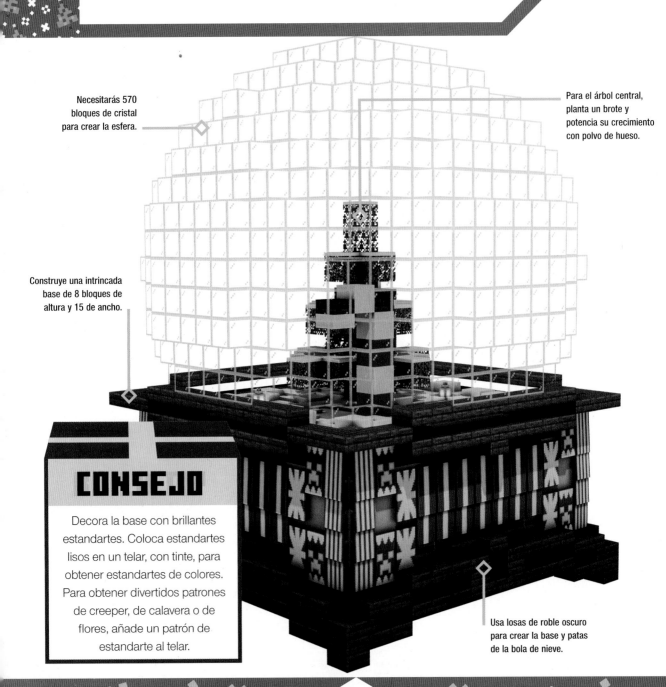

Necesitarás 570 bloques de cristal para crear la esfera.

Para el árbol central, planta un brote y potencia su crecimiento con polvo de hueso.

Construye una intrincada base de 8 bloques de altura y 15 de ancho.

Usa losas de roble oscuro para crear la base y patas de la bola de nieve.

CONSEJO

Decora la base con brillantes estandartes. Coloca estandartes lisos en un telar, con tinte, para obtener estandartes de colores. Para obtener divertidos patrones de creeper, de calavera o de flores, añade un patrón de estandarte al telar.

CRIATURAS ESTÁTICAS

¡Estas criaturas de Minecraft se han quedado congeladas de repente! Construye tus propias estatuas de hostiles zombis, creepers, arañas y esqueletos y cúbrelas con una gruesa capa de hielo. Por suerte, estas escalofriantes criaturas son inmóviles y no pueden causar daños. Aun así, se ven impresionantes.

Usa bloques de hielo para darles un aspecto invernal.

La clásica camiseta del zombi está hecha con lana cian y hormigón.

Mezcla lana y hormigón azul para los pantalones.

Construye un creeper con hormigón y terracota verde y verde lima.

INTÉNTALO

Atrévete a atrapar a una criatura en modo supervivencia para usarla como modelo para tu estatua. También puedes utilizar un huevo generador en modo creativo para generar una.

Este esqueleto lleva su característico arco, pero ¡tú puedes sustituir el arco por lo que se te ocurra!

Construye el robusto cuerpo de la araña con rocanegra, basalto y pizarra abismal.

Emplea paneles de cristal tintado de azul a modo de carámbanos.

Utiliza mineral de pizarra abismal y redstone y terracota acristalada negra para los siniestros ojos de la araña.

BRILLANTE NAVIDAD

¡Pocas cosas hay más navideñas que una casa bien iluminada! O eso debieron de pensar los habitantes de esta casa, quienes han superado todo lo imaginable con su exhibición de luces. Linternas, ranaluces y champiluces brillan desde todos los ángulos, e incluso hay una fogata en el jardín delantero. Añade un oscuro cielo nocturno para que esta brillante construcción impacte.

INTÉNTALO

Diseña toda una casa utilizando champiluces como principal material de construcción. La casa no necesitaría ningún ornamento extra para destacar en una noche de invierno.

La noche está llena de criaturas hostiles, como este ladino esqueleto.

Decora el exterior con bastones de caramelo hechos con bloques blancos y rojos.

Las paredes de escotillas de roble oscuro contrastan con el paisaje nevado.

Ilumina tu tejado cultivando en él champiluces. La luz se refleja en la brillante terracota acristalada roja.

La casa está hecha con diferentes tipos de madera, como este balcón de abedul.

RANALUCES

Haz que tu construcción deslumbre con gigantescas bolas de ranaluz. Usa una cadena para atarlas fácilmente a la casa, para una iluminación y colores más sutiles.

Varía la longitud de la cadena para colgar la bola más o menos alta.

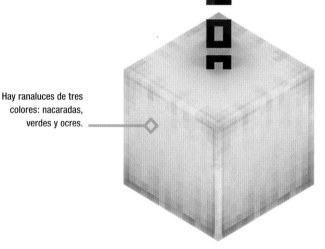

Hay ranaluces de tres colores: nacaradas, verdes y ocres.

VENTANAS ILUMINADAS

Coloca ranaluces tras los cristales de las ventanas para que la casa emita un cálido y festivo brillo. A los jugadores del exterior les parecerá bonito, pero oscurecerán la vista de los jugadores que estén dentro.

SAUNA Y SPA

Este spa es perfecto para aquellos jugadores que, en lugar de jugar a lanzarse bolas de nieve o patinar sobre el hielo, prefieran empezar el año de un modo relajado. Cuenta con un jacuzzi, varias tumbonas en las que echarse una siesta y una sauna de vapor, con una bañera de carbón siseante. ¡Perfecta para derretir cualquier preocupación invernal!

La sauna se ve tras estos bloques de cristal.

Rodea la piscina con ventanas con vistas a los hermosos paisajes invernales.

Utiliza capas de nieve para cambiar la altura de las tumbonas. Ocho capas de nieve equivalen a un bloque.

Añade escaleras de ladrillos de prismarina para acceder fácilmente al jacuzzi.

INTÉNTALO

El cuarzo le da a este spa un aspecto moderno, pero podrías hacer que parezca una terma romana con variantes de arenisca. Podría tener una gran piscina romana rodeada por pilares de arenisca.

Usa las tapas de estanterías para crear una textura única en el suelo.

SAUNA

La sauna puede ser muy relajante, sobre todo si fuera hace frío. Crea tu sauna con paredes de tablones de abeto, y añade un bloque de magma para que caliente la estancia.

JACUZZI

Invita a tus amigos a un burbujeante jacuzzi. Pon arena de almas en la base y construye los lados con cuarzo. Añade agua, métete y relájate en un mar de burbujas.

UN BANCO CÓMODO

En la sauna hace mucho calor, así que conviene que los jugadores puedan sentarse. Crea este banco con escotillas de abeto. Dale dos alturas para que quepa más gente.

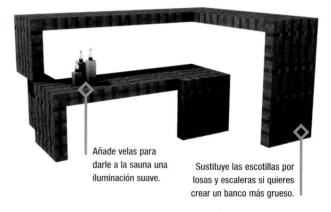

Añade velas para darle a la sauna una iluminación suave.

Sustituye las escotillas por losas y escaleras si quieres crear un banco más grueso.

ÚLTIMOS DETALLES

Crea un interior agradable para que los jugadores se relajen. Una buena idea es incluir plantas, pero no olvides regarlas con un dispensador de agua.

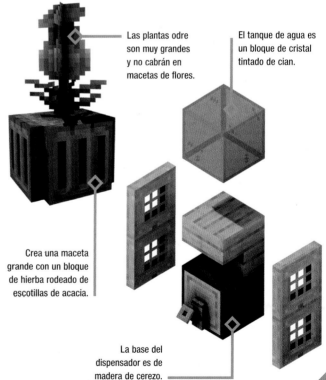

Las plantas odre son muy grandes y no cabrán en macetas de flores.

El tanque de agua es un bloque de cristal tintado de cian.

Crea una maceta grande con un bloque de hierba rodeado de escotillas de acacia.

La base del dispensador es de madera de cerezo.

LA CABAÑA DE LA BRUJA

Convierte la casa de una bruja en un acogedor refugio invernal con un toque mágico. Lo que burbujea en el caldero no es sopa: ¡es una poción! Y en las estanterías descansan libros de encantamientos. Para darle un toque final, añade banderolas y luces de cuento de hadas. Por fin, esta bruja y su gato podrán celebrar las fiestas.

Conecta cinco señales carmesíes colgadas para las banderolas.

Ilumina la cabaña cultivando enredaderas de cueva que den bayas resplandecientes.

Añade regalos mágicos para la bruja en el cofre... ¡y pescado para el gato!

Este atril sostiene el libro de encantamientos, lleno de recetas de pociones.

Crea una alfombra a juego con los banderines.

CHOCOLATE CALIENTE

El tiempo puede ser amargo en invierno. ¡Necesitas algo que lo endulce! Fuera hace frío, así que entra en casa y prepárate una bebida caliente: ¡una auténtica y otra equivalente en Minecraft! Estas tazas a rayas están llenas a rebosar de chocolate... y también de detalles. Añade malvaviscos, bastones de caramelo, una cucharilla... ¡y relájate!

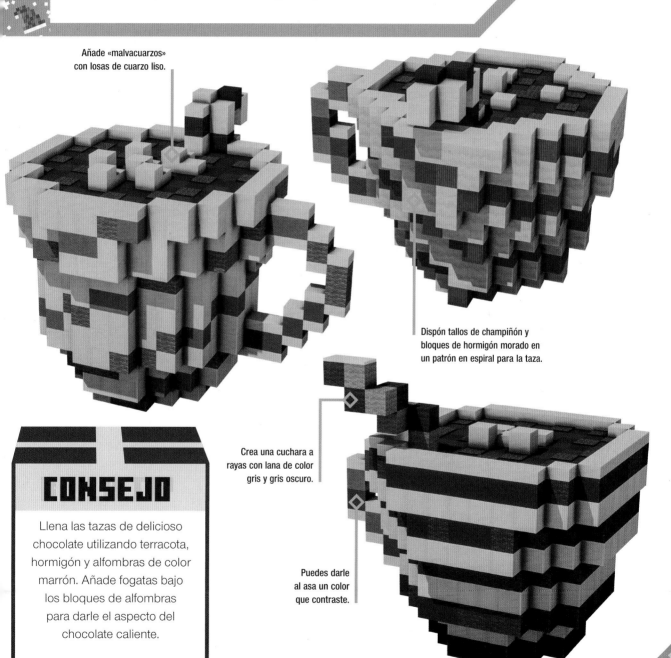

Añade «malvacuarzos» con losas de cuarzo liso.

Dispón tallos de champiñón y bloques de hormigón morado en un patrón en espiral para la taza.

Crea una cuchara a rayas con lana de color gris y gris oscuro.

Puedes darle al asa un color que contraste.

CONSEJO

Llena las tazas de delicioso chocolate utilizando terracota, hormigón y alfombras de color marrón. Añade fogatas bajo los bloques de alfombras para darle el aspecto del chocolate caliente.

PAYASADAS EN EL HIELO

Este juego de Minecraft dará lugar a un montón de travesuras en la pista. Los jugadores, subidos en barcos, lanzan bolas de nieve a los barcos de los demás para que sus barcos se desvanezcan. Pero, ¡cuidado con los espectadores! ¡Ellos también lanzan bolas de nieve! Reúne a tus amigos para jugar: ¡ganará el último barco que quede sobre la pista!

Crea una barrera de tablones carmesíes para que los barcos no se salgan de la pista por accidente.

Construye un cobertizo para los barcos y las bolas de nieve.

INTÉNTALO

Construye la pista con hielo azul en vez de con hielo normal. Los barcos serán más rápidos en una pista de hielo azul, que no se fundirá bajo fuertes fuentes de luz.

Recuerda: tu pista puede tener cualquier forma: alargada, ancha, estrecha, irregular...

Añade mucha luz para que todos puedan ver bien lo que pasa en la pista.

¡Le han dado a Papá Noel!

COBERTIZOS

Añade un cobertizo en el que guardar los barcos y las bolas de nieve. Construye la estructura con madera de cerezo y vallas de jungla.

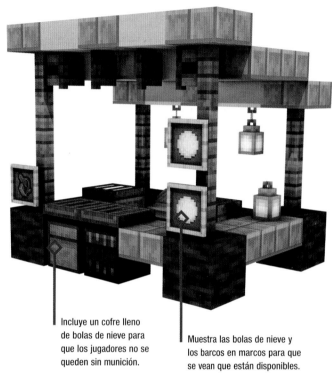

Incluye un cofre lleno de bolas de nieve para que los jugadores no se queden sin munición.

Muestra las bolas de nieve y los barcos en marcos para que se vean que están disponibles.

LA PÉRGOLA PERFECTA

La pista de patinaje está cubierta por una pérgola de madera para que los espectadores estén protegidos de posibles nevadas. Experimenta con vallas, escotillas y puertas para la estructura de la pérgola, y añádele linternas y ranaluces.

TOBOGÁN INVERNAL

Este tobogán de agua no tiene nada que envidiar al trineo de Papá Noel. De hecho, si tienes miedo a las alturas, será más «¡oh, oh, oh!» que «¡ho, ho, ho!». El tobogán lanza a los jugadores por una empinada pendiente hacia un gélido aterrizaje. Coloca la cabina de lanzamiento muy alto: los jugadores que suban a los botes deben prepararse para una caída escalofriante.

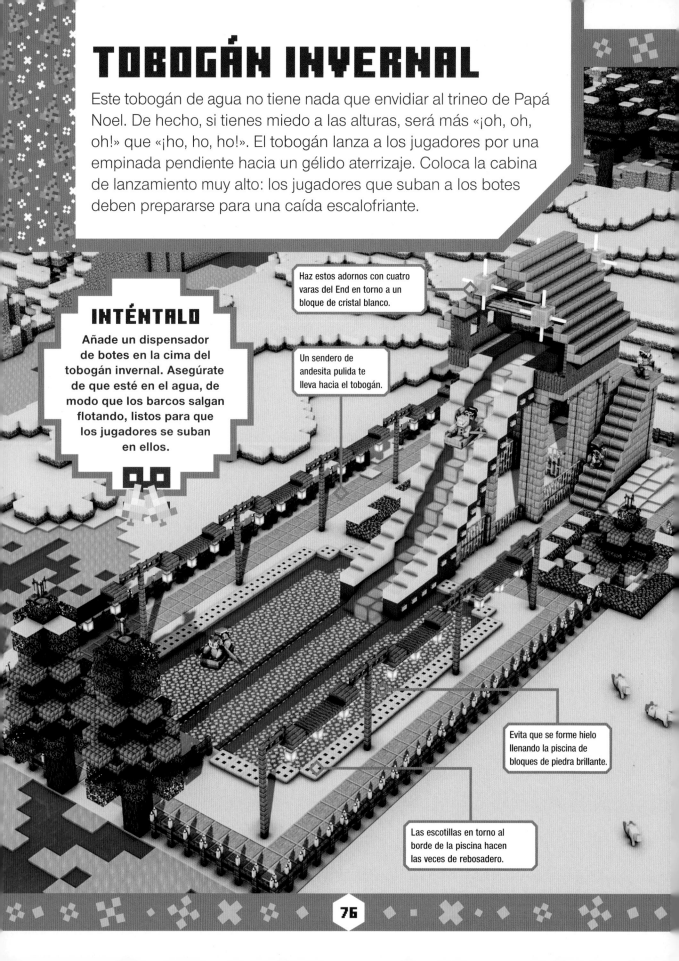

Haz estos adornos con cuatro varas del End en torno a un bloque de cristal blanco.

INTÉNTALO

Añade un dispensador de botes en la cima del tobogán invernal. Asegúrate de que esté en el agua, de modo que los barcos salgan flotando, listos para que los jugadores se suban en ellos.

Un sendero de andesita pulida te lleva hacia el tobogán.

Evita que se forme hielo llenando la piscina de bloques de piedra brillante.

Las escotillas en torno al borde de la piscina hacen las veces de rebosadero.

UN TOBOGÁN VELOZ

Construye un tobogán por el que los jugadores se deslicen: la pendiente del tobogán puede ser suave, como en el de la imagen, o pronunciada. ¡No dejes que el agua se congele o tendrás una gélida sorpresa!

Agrega linternas del mar bajo el tobogán para evitar que el agua se congele.

Apila capas de nieve para crear los lados de tu tobogán.

Construye el techo con escaleras de cobre para refugiarte del frío.

PEQUEÑO ABETO

Dale un toque alegre a tu construcción con este bonito árbol de Navidad. Coloca capas de losas como ramas y añade hojas para darle una forma más orgánica y con textura.

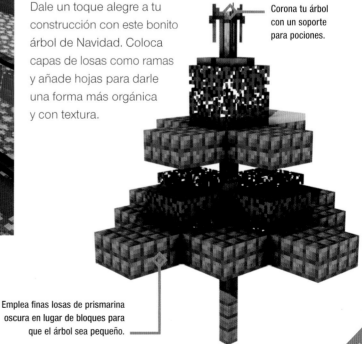

Corona tu árbol con un soporte para pociones.

Emplea finas losas de prismarina oscura en lugar de bloques para que el árbol sea pequeño.

UNA PISCINA HELADA

Coloca señales colgantes de manglar en la piscina para crear carriles. Algunos carriles son para los jugadores que descienden por el tobogán, y otros son para los que prefieren remar un ratito.

CORONAS DE NAVIDAD

En Navidad, mucha gente coloca una corona con ramas y hojas en la puerta de su casa. Los colores típicos de estas fiestas son el rojo y el verde, pero puedes usar la combinación de colores que prefieras. Los bloques y las hojas verdes representan el muérdago y la hiedra, pero ¿sabías que hay otra planta navideña de color rojo brillante? Es la flor de Pascua.

Coloca bloques de diamante, oro y redstone en marcos para hacer coloridas bolas de adorno.

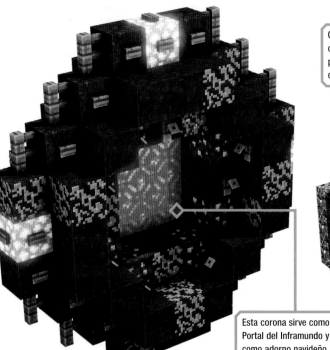

Las varas del End emiten partículas que parecen nieve.

Esta corona sirve como Portal del Inframundo y como adorno navideño.

CONSEJO

Dibuja primero el círculo en papel cuadriculado. Coloca un compás en el centro de un cuadrado y traza un círculo. Luego colorea todos los cuadrados que este círculo toque. Usa este plano para construir un círculo (la corona) con bloques de Minecraft.

Utiliza diferentes colores y texturas, como escaleras de bambú y de abedul, para darle variedad a la corona.

REGALOS NAVIDEÑOS

Si creas esta colección de regalos navideños habrás cubierto tu cuota de regalos del año. Lisos o estampados, grandes o pequeños, tus regalos deberían sugerir las maravillas que guardan en su interior. También puedes decorarlos con cintas y lazos para darles un aspecto atractivo. Haz también un cofre para meter todos los regalos de Minecraft para tus amigos.

Haz este lazo con escaleras de cuarzo liso invertidas.

TRUCO

Si sueles colocar los regalos bajo el árbol de Navidad, busca un abeto en un bioma nevado y recrea esta experiencia en Minecraft.

También puedes cubrir cofres con escotillas a modo de envoltorio.

Decora tus regalos con botones y objetos en marcos.

Emplea bloques de coral. Colócalos sobre un bloque de agua para mantener el coral con vida y brillante.

TRINEO DE LOBOS

Aunque los renos de Papá Noel están de vacaciones este año, los aldeanos de Minecraft no se quedarán sin regalos. Cuatro amables lobos se han ofrecido a tirar del trineo de Papá Noel. Pero, claro, como lobos que son, el olor a carne asada de la cena los ha distraído y ha hecho que detengan el trineo. ¿Qué pasará con esos regalos?

Añade bloques de terracota acristalada a modo de regalos.

Recrea los esquíes del trineo con escotillas de bambú.

Añade puertas de valla de bambú frente a tus esquíes para darles ese aspecto redondeado.

¿Necesitas más espacio para los regalos?
Construye dos trineos y únelos con puertas de
valla o cadenas para tener dosis doble de regalos.

CONSEJO

Asegúrate de construir
tu trineo sobre nieve y luego
crea huellas realistas cavando
en la capa de nieve que
queda tras el trineo y bajo
él. ¡Parecerá que tu trineo
ha estado moviéndose!

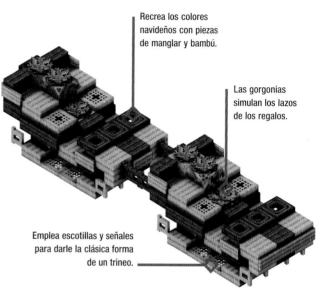

Recrea los colores
navideños con piezas
de manglar y bambú.

Las gorgonias
simulan los lazos
de los regalos.

Emplea escotillas y señales
para darle la clásica forma
de un trineo.

Usa correas para guiar a
los lobos y atarlos a objetos
como postes de vallas.

Los lobos no son los únicos
que pueden tirar de un trineo:
¿qué tal un trineo tirado por
loros o por gatos?

Los lobos
salvajes
no llevan
collar.

AMIGOS

Domestica un lobo dándole huesos
hasta que aparezca un corazón. Haz
que tu leal compañero esté contento
dándole carne para comer.

CABAÑA DE ESQUÍ

Esquía hasta un bioma nevado y construye esta acogedora cabaña para esquiadores. Situada al pie de las montañas, posee un tejado ancho y ladeado con aleros. Remata el tejado con nieve: varias capas indicarán que las condiciones son ideales para esquiar. Los jugadores que vuelvan de las pistas podrán recogerse en el salón para una animada charla sobre esquí.

Puedes agregar detalles a la cabaña como hogueras apagadas y botones.

Crea un tejado realista acumulando capas de nieve para que parezca que ha caído una gran nevada.

Añade un macetero con bloques de hierba y un bonito brote de cerezo para darle color.

INTÉNTALO

Este tejado en voladizo es genial para resguardarte de la nieve. Puedes añadir una rústica terraza con mesas, sillas y macetas.

Usa variantes de abeto o roble oscuro, de aspecto natural, para el tejado.

Troncos de abeto apilados, asegurados con raíles, a modo de leña recién cortada.

UN INVENTARIO INUSUAL

Mejora las paredes y los tejados usando bloques poco convencionales, como telares y ahumadores. Mira cuántas texturas y patrones inesperados puedes crear.

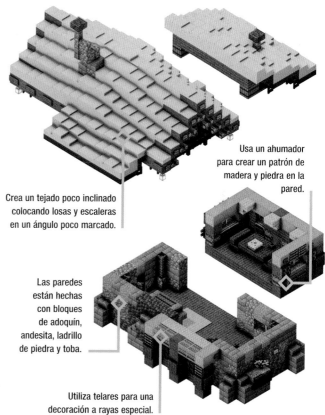

Crea un tejado poco inclinado colocando losas y escaleras en un ángulo poco marcado.

Usa un ahumador para crear un patrón de madera y piedra en la pared.

Las paredes están hechas con bloques de adoquín, andesita, ladrillo de piedra y toba.

Utiliza telares para una decoración a rayas especial.

ACOGEDOR REFUGIO

Dale a tu cabaña un interior cálido y acogedor. Incluye una chimenea, una gran alfombra de color azul claro y cómodas butacas de cerezo. Siéntate y disfruta de las gélidas vistas.

ENREDADERA

¿Te has preguntado cómo consigue bajar Papá Noel por la chimenea? ¡Se ayuda de una enredadera! (y seguramente lleva botas ignífugas, por si la chimenea está encendida). Decora la chimenea con velas y marcos para darle un aspecto tradicional, y no olvides dejar leche y galletas en la mesa. ¡Papá Noel debe de acabar hambriento!

INTÉNTALO

La habitación debería tener al menos 5 bloques de altura para que quepa esta escena. Necesitarás 3 bloques para la chimenea, y espacio extra para los adornos.

Usa bloques de terracota verde y verde lima para las paredes del salón.

Decora la repisa de la chimenea con macetas, velas y una campana.

Puedes usar esta mesa de encantamientos como decoración, pero también serviría para encantar regalos.

Haz una sencilla mesa con dos escotillas de bambú para las patas y una de abedul como tablero.

MARCOS

Crea sencillos pero eficaces adornos con marcos. Aunque Papá Noel no puede poner los regalos en calcetines (botas enmarcadas) puede cambiarlos por un nuevo objeto o encantarlos.

CHIMENEA CLÁSICA

Una clásica chimenea de ladrillo siempre da buen resultado. Puedes jugar con la orientación de tus ladrillos para crear formas y patrones interesantes.

TRAS LA CHIMENEA

Añade una cámara de un bloque de ancho, con paredes de calcita, tras la chimenea. Alojará la enredadera enroscada que Papá Noel utiliza para bajar por la chimenea.

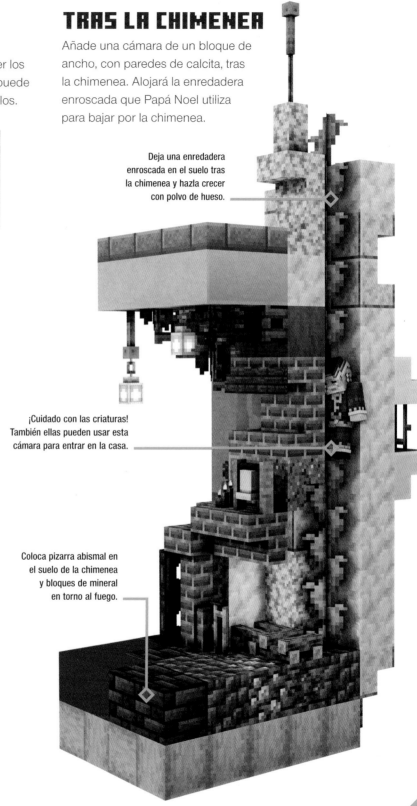

Deja una enredadera enroscada en el suelo tras la chimenea y hazla crecer con polvo de hueso.

¡Cuidado con las criaturas! También ellas pueden usar esta cámara para entrar en la casa.

Coloca pizarra abismal en el suelo de la chimenea y bloques de mineral en torno al fuego.

UNA CASA DE JENGIBRE

Esta casita de Minecraft es un hogar, dulce hogar... Y es que está construida con bloques que imitan el pan de jengibre y el suave glaseado blanco. Cuando vayas a construirla, fíjate en las casitas de jengibre que se venden por Navidades. Luego ilumínala con coloridas velas en el tejado. Cuando esté lista, invita a algunos jugadores. ¡Es una delicia!

Emplea tierra de alma y ladrillos de barro para crear tejas con un delicioso aspecto de pan de jengibre y chocolate.

Recrea adornos de gominola con enredaderas.

Coloca muchas y coloridas velas en el tejado.

Las dianas parecen sabroso glaseado.

HOGAR, DULCE HOGAR

Esta construcción emplea bloques comunes, como madera y barro, pero lo hace de una forma innovadora para recrear el apetitoso aspecto de una casa de jengibre.

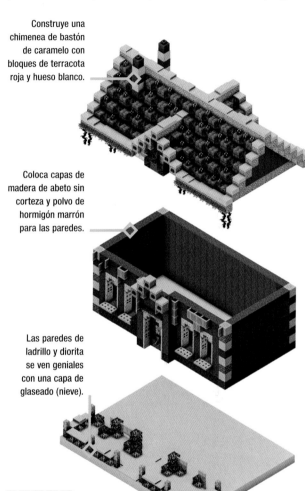

Construye una chimenea de bastón de caramelo con bloques de terracota roja y hueso blanco.

Coloca capas de madera de abeto sin corteza y polvo de hormigón marrón para las paredes.

Las paredes de ladrillo y diorita se ven geniales con una capa de glaseado (nieve).

INTÉNTALO

Endulza tu jardín con una fuente de chocolate. Utiliza cristal tintado de marrón y paneles de cristal para el chocolate y un bloque de cuarzo liso para la fuente.

CAPAS EXTERIORES

Construye las puertas y las ventanas con dos capas para una construcción más compleja. El marco exterior de la ventana queda delante, y la guillotina queda detrás.

Esta ventana tiene 5 bloques de alto y 4 de ancho.

Usa puertas de hierro para recrear los marcos de la ventana de azúcar.

CIRCUITO PARA ELFOS

¿Pueden volar los elfos? Puede que a Papá Noel le parezca una idea graciosa, pero en Minecraft pueden volar. Solo han de hallar un Barco de End, hacerse con unas alas de élitros y lanzarse a volar. Construye un circuito montañoso con obstáculos y desafía a tus amigos los elfos. El primero en atravesar todos los aros se convertirá en el rey de la carrera.

Construye una torre en el punto más alto de tu circuito. ¡Aquí comienza la carrera!

INTÉNTALO

No es necesario que construyas el terreno para tu circuito de obstáculos. Busca un bioma de cumbres rocosas o de páramos y coloca el circuito en él. ¡Reserva tu tiempo para la carrera!

Crea sencillos aros con 16 bloques de hormigón y brillantes champiluces.

Conecta las islas con un sencillo puente de ladrillo de barro.

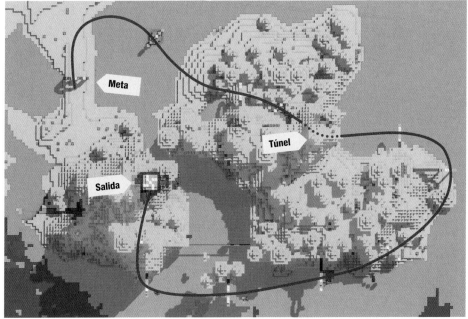

Meta

Túnel

Salida

A VISTA DE PÁJARO

Traza la carrera de obstáculos desde arriba. Sobrevuela el terreno (con las alas de élitros o en modo creativo) para tener una visión general. Desde aquí podrás ver dónde empezar, qué montañas rodear y trazar bien el recorrido.

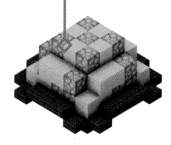

Construye el tejado de la torre con lana blanca y champiluces.

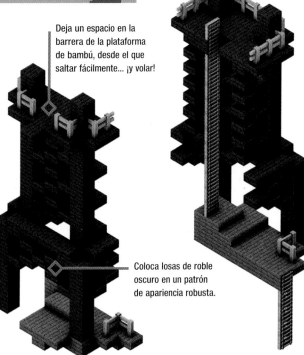

Deja un espacio en la barrera de la plataforma de bambú, desde el que saltar fácilmente... ¡y volar!

Coloca losas de roble oscuro en un patrón de apariencia robusta.

EQUIPO DE VUELO

¡Desbloquea la alucinante experiencia de volar en modo supervivencia! Para conseguir un élitro, adéntrate en el End, vence al Dragón de Ender y explora las ciudades de End hasta hallar un Barco de End y este accesorio alado.

TORRE

Una torre alta es el lugar ideal para empezar la carrera. No solo por las increíbles vistas: cuanto más alto estés, más fácil te resultará despegar y planear atravesando los aros hasta la victoria. Preparados... listos... ¡YA!

AÑADIR OBSTÁCULOS

Si quieres enfrentarte a la más complicada de las pruebas, crea un circuito con montones de obstáculos. Añade un bosque lleno de árboles, varias curvas muy cerradas y una traicionera cueva. El circuito será más difícil, pero también más divertido. ¡La práctica hace al maestro!

Añade escotillas de bambú a tu escalera de mano para darle un aspecto único.

Coloca los aros en distintos ángulos para aumentar el desafío.

No separes demasiado los aros: los jugadores necesitan ver el siguiente al que volar.

ZAMBULLIDA

Añade una tétrica cueva a tus secciones del circuito. Los jugadores deberán zambullirse y retorcerse mientras evitan los obstáculos de espeleotema en punta y las vallas de abeto de antiguos pozos de mina.

Usa bloques brillantes para el anillo final: en vez de lámparas de redstone podrías usar infiedra ¡y encenderla para un final centelleante!

No necesitas unir palancas directamente a las lámparas para encenderlas y apagarlas.

Coloca el último anillo sobre un pedestal de ladrillo de barro.

META

Aumenta la visibilidad del anillo final añadiéndole lámparas de redstone. Si eres el primero en pasar por este anillo, te convertirás en el campeón del circuito.

GLOSARIO

ALDEANO

Criatura pasiva que interactúa con los jugadores ofreciendo intercambios.

ALFOMBRA

Fina capa plana de lana que se puede teñir de hasta 16 colores.

ARENA DE ALMAS

Bloque que se halla en el Inframundo y en ciudades antiguas. Se usa para crear burbujas y fogatas de alma.

BIOMA

Paisaje único de Minecraft, como océanos, llanuras o pantanos. En Minecraft hay más de 60 biomas.

BLOQUE

Unidad básica de estructura en Minecraft, que ocupa una unidad de espacio.

BOTÓN

Bloque interactivo que envía una señal de redstone al ser pulsado.

CAMA DE SHULKER

Bloque que puede guardar objetos y teñirse. Mantiene su contenido en forma de objetos si se rompe.

CIUDAD DE END

Ciudad de las islas exteriores del End. Suele situarse cerca de un Barco de End.

CREEPER

Una criatura hostil que explota cerca de los jugadores.

CRIATURA

Entidad controlada por el ordenador que se comporta como un ser vivo. Pueden ser neutrales, pasivas u hostiles.

ÉLITROS

Par de alas que se pueden hallar en la dimensión del End. Los jugadores pueden usarlas para volar planeando.

ENCANTAMIENTO

Recurso que se puede añadir a una herramienta para mejorar su utilidad.

END

Dimensión de Minecraft caracterizada por el Dragón de Ender y un extraño terreno.

ESCALERAS

Variante escalonada y decorativa de bloque.

ESCOTILLA

Bloque barrera interactivo que se puede abrir y cerrar con una señal redstone o a mano.

ESTANDARTE

Bloque decorativo que puedes teñir y diseñar en un telar.

FARO

Bloque que proyecta un haz de luz. Debes colocarlo en una base de pirámide hecha de bloques de hierro, diamante, oro, esmeralda o inframundita.

FUENTE DE LUZ

Bloque que emite luz, como una antorcha, una linterna, un ranaluz o una fogata.

FUNDIR

Método de refinar bloques en modo supervivencia. Así, fundir convierte mineral de hierro en lingotes de hierro.

GENERACIÓN

Creación de criaturas y de jugadores.

GÓLEM DE NIEVE

Criatura pasiva hecha con 2 bloques de nieve y una calabaza tallada.

INFRAMUNDO

Dimensión de Minecraft.

LIBRO

Objeto fabricado con cuero y papel. Se puede escribir en él o usarlo para realizar encantamientos.

LOSA

Bloque decorativo con la mitad de altura de un bloque.

MESA DE ENCANTAMIENTOS

Bloque interactivo que puede utilizarse para encantar objetos usando experiencia y lapislázuli.

MESA DE TRABAJO

Bloque utilitario empleado en modo supervivencia para fabricar bloques.

MODO CREATIVO

Modo del juego que ofrece a los jugadores acceso a una cantidad infinita de bloques de Minecraft y la habilidad de volar.

MODO SUPERVIVENCIA

Modo de juego en el que los jugadores han de reunir recursos y sobrevivir a los peligros diurnos y nocturnos.

MUNDO REAL

Dimensión de Minecraft con diversidad de biomas. Lugar de inicio del jugador.

OBJETO

Cualquier cosa que entre en el inventario de un jugador. Cuando se usa un objeto, un bloque u otra entidad (una vagoneta, un barco) aparece en el juego. Los objetos se pueden mostrar en el juego en un marco, un marco luminoso o un soporte de armadura.

PISTÓN

Bloque capaz de mover objetos, bloques y jugadores al recibir una señal de redstone.

PLATO DE PRESIÓN

Bloque que produce una señal de redstone cuando se pisa.

REDSTONE

Término general para los bloques de ingeniería y sistemas de Minecraft que permiten crear máquinas y añadir dispositivos funcionales a sus construcciones.

RESISTENTE AL FUEGO

Estatus que otorga al jugador o criatura inmunidad contra daños por fuego, como el causado por llamas, lava o magma.

VAGONETA

Vehículo similar a un vagón de tren que solo puede colocarse sobre raíles. Se puede montar en vagoneta, pero esta se detendrá si algo se interpone en el camino.

VALLA

Bloque barrera con aperturas por las que se puede ver, a diferencia de una pared. Generalmente no se puede saltar por encima de una valla.

VARA DEL END

Fuente de luz generada naturalmente que puede usarse para decorar, escalar torres o fundir nieve y hielo.

VARIANTE

Variación de un bloque básico. Puede ser de losas, escaleras, paredes, escotillas, botones o bloques cincelados.

WITHER

Criatura hostil que puede planear y disparar cráneos explosivos contra objetivos.

NAVEGAR CON SEGURIDAD

Es divertido navegar por internet para jugar a juegos, mirar vídeos o comunicarse con otras personas, pero es importante hacerlo con seguridad. Aquí hay algunas pautas que seguir para estar seguro mientras navegas en línea.

- Usa siempre un seudónimo cuando escribas o chatees en línea (y asegúrate de que no contenga tu nombre real).

- Nunca reveles información personal, como tu nombre, tu edad, tu número de teléfono o tu dirección.

- Nunca le digas a nadie el nombre o la ubicación de tu colegio.

- Nunca compartas tu contraseña ni tus datos de acceso (excepto con tus padres o tutores).

- Nunca envíes fotos personales.

- Pide permiso a tus padres o tutores si decides crear una cuenta en línea (y recuerda que en muchas páginas web es necesario tener al menos 13 años para ello).

- Informa siempre a un adulto de confianza si algo en internet te preocupa o te hace sentir incómodo.